このグラビア頁に込めたメッセージ

ここに示した4頁は、本書の内容を端的に表したショーウインドーともいえるものです。

各頁には、以下のような願いを込めています。興味をもたれたものがあれば、関連する本書の頁をめくってみてください。

グラビア1
「スポーツ動作を直す場合、別な部分の動きに意識をおくとうまくいく」という動作習得のコツが、本書からつかんでいただけるはずです。

グラビア2
ひたいを軽く押さえられただけで、立つことができないのはなぜでしょうか。また、腕のあげ方によって、その到達点に大きな違いが出るのはなぜでしょうか。これらを考えることは、からだを合理的に使うことのヒントになります。

グラビア3
筋肉や筋力がスポーツの全てだと思っている人は、ぜひ、その誤解を解いてください。股関節の外旋、上腕の外旋などの威力を知ると、びっくりするほど押す力が強くなったり、速い球が投げられたりするなど、一躍パワーアップするのですから。

グラビア4
みなさんは、サッカーのキックでは、立ち足が軸だと思っていませんか。実はそうではなく、蹴る側の足が軸なのです。これを二軸動作といいます。本書を読んで、ぜひとも二軸動作の素晴らしさをからだで感じ取ってください。

グラビア1　運動は頭で理解して、感覚で実践する

〈写真提供：アフロフォトエージェンシー〉

イチロー選手：「上半身の力みをとるには、膝から下の力みをとればいいことがわかったんです」

上半身の動きを変えようとするときは、直接上半身の動きに意識をおかずに、下半身の動きに意識をおくとよい。(107～108ページ)

グラビア2 気がついていますか？

ひたいを押さえられると、立ち上がれない。

イスから立ち上がるときは、一般には、体幹を前傾させ、頭を前に移動させてから行う。

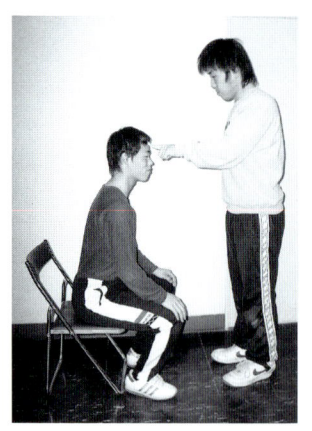

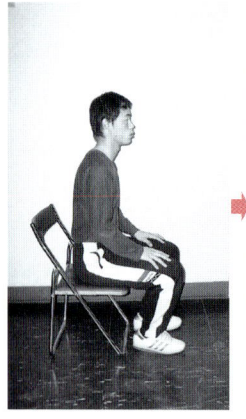

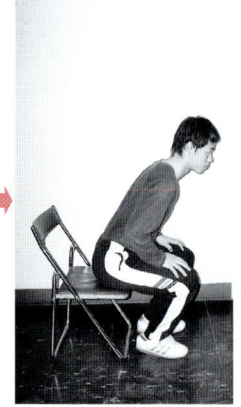

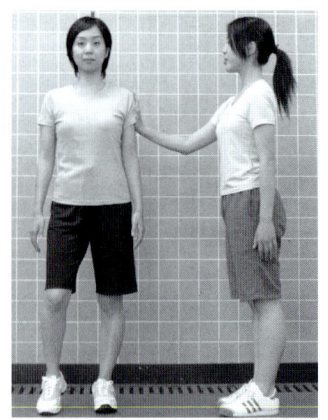

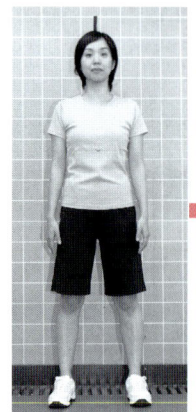

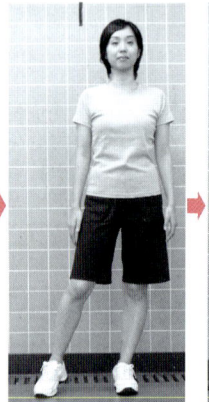

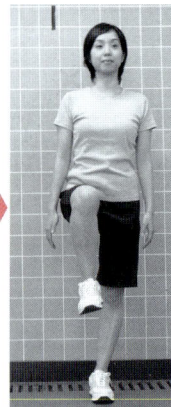

反対足に体重をかけることができなければ、ふつうは、足はあがらない。（104ページ）

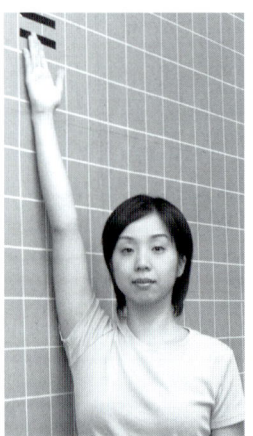

腕のあげ方によっては5～10cmも違う。（23～25ページ）

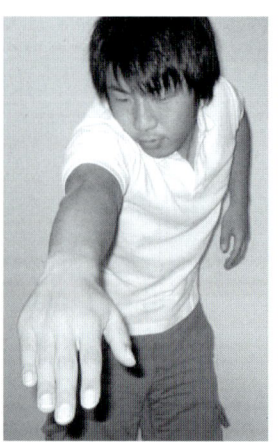

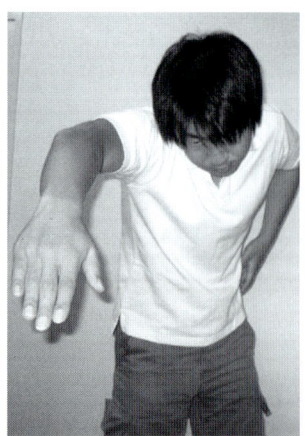

右のように、脇の下が浮き上がるように胸鎖関節を使い、肩を前に移動していくような動きで水をキャッチすると、クロールのストローク長は伸びる。（30ページ）

グラビア3 筋肉、筋力をつけることが全てではない

どちらが強い？

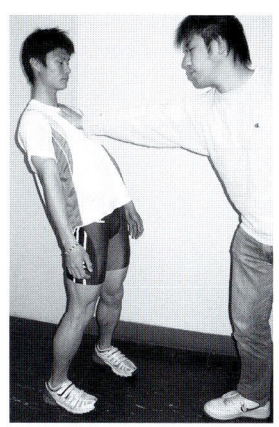

股関節を内旋して立つ人　VS　股関節を外旋して立つ人

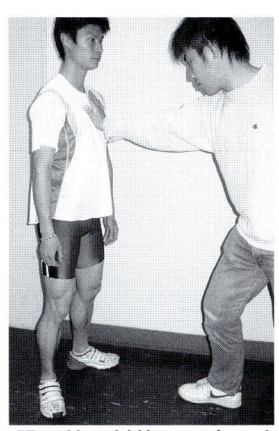

股関節の内旋、外旋

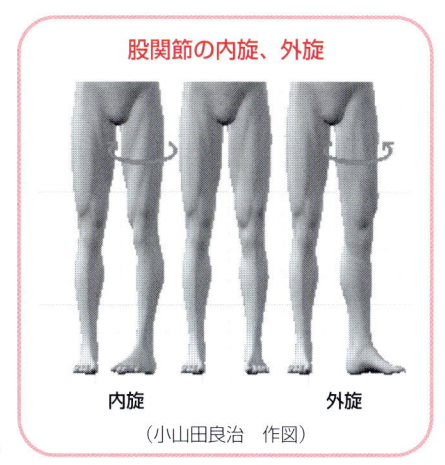

内旋　外旋

（小山田良治　作図）

内旋　外旋

股関節を内旋して押す左側の人と外旋して押す右側の人（48ページ）

どちらが楽に投げられるか？

上腕を内旋したままであげてテイクバックさせる　VS　上腕を外旋させてテイクバックさせる（28ページ）

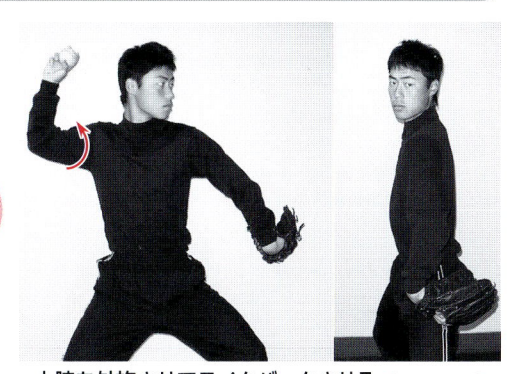

グラビア4　二軸動作のよさを体感しよう

■ 立ち足に体重をかけて蹴る中心軸キック（上）と、
蹴り足に体重をかけて蹴る二軸キック（下）によるクロスキック

中心軸キック

二軸キック

　中心軸キックでは、キック後の動きが止まってしまうのに対して、二軸キックでは、キック後も素早く動けるほか、相手選手はキックの予測をすることが簡単ではない。(111～113ページ)

■ 中心軸走か二軸走か…どのような押され方が楽か

A. 支持脚の腰　　**B. 空中にある脚の腰**　　**C. 腰のまん中**

　Aのように、支持脚の腰（写真の左軸）が軽く斜め前に（遊脚側＝空中にある側の脚）に押されると、非常に楽な二軸走になる。
　Bのように、遊脚側の腰が押されると、からだがねじれて中心軸走となる。また、Cのように腰のまん中（中心軸）が押されても、楽に進まずに、かえってブレーキをかける走りになってしまう。
　走り方のポイントは、支持脚側の腰が前に進むことである。(120～122ページ)

スポーツ選手なら知っておきたい「からだ」のこと

小田伸午著

大修館書店

はじめに

　この本は、次のようなことを思っている人に読んでもらいたいと思って書きました。たとえば、あなたは、柔軟性のテストでよく行われる立位体前屈を行うとき、腰からからだを折り曲げると思っていませんか。あるいは、腕をあげたり、ボールを投げたりするときの腕の動作を、腕が肩からついていると思ってしていませんか。このように思い込んでいる人が多いと思いますが、実は誤解なのです。筋肉や骨格の正しい知識を得て、理解が変わると、からだの動きが変わり、運動の感覚も変わってきます。知るということは、すごいことです。

　イチロー選手、ロナウド選手など、超一流のスポーツ選手は、つま先で蹴るのではなく、膝を抜いて、踵で押すようにして倒れ込み、重力に引っ張ってもらいながら、瞬く間に動き出します。からだを前に進めるときのアクセルは、つま先ではなく、踵なのです。筋力というからだの内部の力だけではなく、重力というからだの外にある力も有効に使うからだの動かし方があるのです。単に、筋力がアップしさえすれば、速く走れると思っている人は、ぜひ本書を読んでほしいと思います。

　スポーツを行う場合、頭とからだの両面で理解する必要があります。そこで本書では、写真、図解をふんだんに取り入れ、実際に筋肉や骨格の絵を書くコーナーや、からだを動かすコーナーを設けるなどの工夫を凝らしました。実際に作業をしてからだで覚えた知識は、いつまでも忘れませんし、なにより実践で役に立ちます。

　近年のスポーツ科学は、地面を蹴って走る走り方では遅いことを明らかにしました。「地面を蹴らないでどうやったら速く走れるんだ？」と、疑問に思う人も多いと思います。その答えは本書を読み進むうちに、頭とからだでしだいにわかっていただけると思います。最近よく話題になる「なんば」についても、積極的に取り上げました。「なんば」とは、空中に浮いた足が前に出るときに同じ側の手も同時に前に出る歩き方といわれますが、これも誤解です。研究を進めるうちに、体重がかかっている足と同じ側の手がいっしょに前に出る動きが「なんば」であることがわかってきました。この動きを、著者たちの研究グループは、二軸動作、あるいは常歩と名づけました。

　体育やスポーツ活動では、頭で理解したさまざまな知識を、運動実践を通じてからだの知恵に変える能力を磨くことができます。この能力は、体育、スポーツ実践のなかだけで用いられるものではなく、毎日の生活のなかで起きるさまざまな問題を解決する能力（生きる力）につながるものと考えています。

　本書は、高校生をおもな読者対象として書いたものですが、スポーツや身体動作に関心のある多くの大学生、一般社会人の方にも読んでいただきたいと思っています。本書を読まれた多くの方々が、二軸動作、常歩という新しい動作感覚を習得して、わが国のスポーツ界に新風を吹き込んでくれることを楽しみにしています。

　本書を読んで疑問に思ったこと、もう少し詳しく教えてほしいと思ったことがあれば、編集部まで質問をお寄せください。資料やコメントを添えて、返信させていただきます。

著　者

も　く　じ

■**グラビア**
1　運動は頭で理解して、感覚で実践する………1
2　気がついていますか？……………………2
3　筋肉、筋力をつけることが全てではない……3
4　二軸動作のよさを体感しよう………………4

■**はじめに**……………………………………7

第1章　誰もが知っておきたい「骨格と筋肉と関節」のこと

1　筋肉の始まりはどこで終わりはどこか？……………………………………12
　［1］筋肉の行きつく先は？　12
　［2］腹直筋、腸腰筋、インナーマッスル　13
　　　　腰痛とは？　16　　ももあげの誤解　17
2　腕は肩からついているのではない……………………………………18
　［1］肩甲帯と肩甲骨　18
　　　　肩甲骨の外放　19　　引く動作　20
　　　　ベンチプレスと腕立て伏せの違い　21
　　　　プレスとプッシュ　22
　［2］胸鎖関節　23
　［3］投げ動作で考えてみよう　25
　　　　ボクシングのパンチ　26
　　　　ボールを持った腕の肩関節は外旋であげる　27
　［4］水泳も胸鎖関節―速く泳ぐには―　29
　　　　ハイエルボー　29
　　　　軸を左右に寄せる「押す動作」　30
　　　　腕は頭を中心にして回っているように見える　32
3　脚はどこから始まるか……………………………………33
　［1］股関節　33
　　　　屈曲・伸展　33　　外転・内転　33
　　　　外旋・内旋　34　　股関節は三次元　35
　　　　関節の種類　36　　腰が回るとは？　37
　［2］股関節の外旋　39
　［3］自転車も押す動作　43
　　　　自転車のペダリング　43　　自転車は押して乗る　44
　［4］トップアスリートとあなたの立ち方の違いとは　46
　　　　アウトエッジ感覚　46　　股関節外旋で前に出る　47
　　　　四股を踏もう　49
　［5］トップアスリートは股関節の外旋を使って走る　51
　　　　足首で蹴らない　51　　拇指球神話　52
　　　　外旋と内旋がペア　53
　　　　コーナー走で股関節外旋のイメージを　54
　［6］末續選手の走法の秘密は常歩にあった　55
　　　　体幹をねじらない歩き方とは―データで見てみよう―　55
　　　　常歩は右足が前に出るとき左腰が前に出る　57
　　　　支持脚側の腰が前に出るのは、膝の抜き動作から　58

第2章 誰もが知っておきたい「身体運動を引き起こす二つの力」のこと

1 筋力を決める要因とは？ ………………………………………………………………… 62
　［1］太い筋肉は力が強い　62
　　　　男子が女子より筋力が強いのは？　62
　　　　脂肪で太い腕はみかけだおし　62
　　　　エキセントリック収縮とコンセントリック収縮　63
　　　　いちばん強い力が出る関節角度がある　64
　［2］同じ太さなのに、筋力に差があるのはなぜ？　64
　　　　参加する筋線維の数　64　　　筋線維のタイプ　67
　［3］筋肉に影響を与えるその他の要因　68
　　　　テコの原理　68　　　羽状角　69
　［4］筋力とスピードの違いを知ろう　71
　　　　力かスピードか　71
2 からだを動かすのは筋力だけではない―重力の重要性に気づこう― ……………… 72
　［1］自分のからだの外にある力を使おう　72
　　　　踵で踏む　72　　　膝を抜くから踵で踏める　74
　　　　内力と外力　75　　　走運動は姿勢調節である　75
　　　　踵が高い靴　76　　　「こち亀」の両さん　77
　［2］無意識の筋力発揮　77
　　　　からだを通してわかること　77　　　伸張反射　78
　　　　生徒（筋肉）はかしこい　79
3 スピードを養成するには―スピードのトレーニング法― …………………………… 80
　［1］伸張反射とバネの特性を利用しよう―プライオメトリックトレーニングの有効性―　80
　　　　切り返しを速く　81　　　バネの作用は省エネ　82
　［2］走る速さを高めるトレーニング　84
　　　　最大瞬間スピードを高める　84　　　顔のリラックス、顎のリラックス　86

第3章 誰もが知っておきたい「脳と神経」のこと

1 右と左のつながり ………………………………………………………………………… 90
　［1］両側性筋力低下　90
　［2］左右の脳が抑制をかけ合う　91
　［3］意識は最大でも、力は落ちている　93
2 筋力よりも動作の基本を習得することが大切なわけ ………………………………… 94
　［1］発育発達と神経系―子どもの頃に遊びで覚える動作―　94
　　　　スキャモンの発育曲線　95　　　促成栽培では大人になって伸びない　95
　　　　教え込む必要があるものが基本　96
　［2］心技体　98
　　　　槍投げ日本記録保持者の溝口選手に学ぶ　98
3 二重構造の神経系 ………………………………………………………………………… 100
　［1］こむら返りの応急処置に学ぼう　100
　　　　相反支配　100　　　こむら返りは自分で直すことができる　101
　［2］無意識と意識の二重構造　102
　　　　意識にのぼらないが、からだはすばやく反応している　102
　　　　脳の中のからだ　103
　　　　無意識の姿勢調節運動を優先するからだ　103
　　　　見ることの意味を知った室伏選手　105
　［3］動作の修正はシーソーのバランスで考える　106
　　　　別のところに光をあてる　106　　　シーソーのバランス　107

第4章 誰もが知っておきたい「軸感覚」のこと──二軸動作と中心軸動作──

1 中心軸感覚と二軸感覚 ……………………………………………………… 110
［１］サッカーの二軸動作　*110*
　　　二軸キック　*110*
　　　パス＆ゴー　*111*
　　　インサイドよりアウトサイドのドリブルを　*112*
　　　トラップも二軸動作で　*113*
　　　ロナウジーニョ選手のシザーズ　*113*
　　　コンタクトプレーも左右の軸を使う　*114*

2 常　歩 …………………………………………………………………………… 116
［１］ウマの歩き方からヒントを　*116*
［２］なんば　*117*
［３］手と足が同時に出るということの本当の意味とは　*118*
［４］モーリス・グリーン選手に見る常歩　*120*
　　　静的安定　*121*
　　　不安定だから動作が起きる　*122*
　　　疑似二軸動作　*122*
［５］抜くということ　*124*
　　　膝を抜く感覚　*124*
　　　幼児は二軸歩行──地面を蹴らずに膝を抜いて進む──　*124*
　　　膝関節の抜き　*125*
［６］スタートも、倒れるようにして膝を抜く　*127*
　　　低い姿勢を保つスタートは膝を抜く　*127*
　　　末續選手のスタートから学ぶ　*127*

3 二軸投法 ………………………………………………………………………… 128
　　　後ろ脚の膝の抜きからスムーズに重心移動　*129*
　　　アウトエッジ　*130*
　　　軸を固定しないで動かす　*131*
　　　前脚の膝を抜く　*132*
　　　股関節は外旋　*132*
　　　グローブに向かって同側の胸を押す　*132*
　　　左右の腕の高さの違い　*133*
　　　ドアの回転のようなイメージではない　*134*

　　■終わりに …………*135*

　　■コラム
　　　正しい姿勢と筋肉と対話　　伊東浩司………… *60*
　　　二軸動作練習レポート　　　山本幸治………… *123*

第1章

誰もが知っておきたい「骨格と筋肉と関節」のこと

1 筋肉の始まりはどこで終わりはどこか
2 腕は肩からついているのではない
3 脚はどこから始まるか

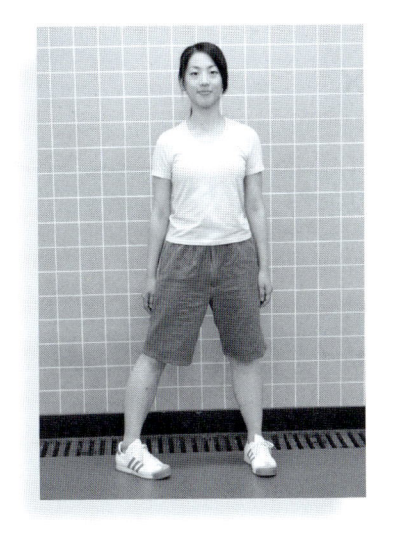

1 筋肉の始まりはどこで終わりはどこか？

［1］筋肉の行きつく先は？

　図1-1を見てください。この図を見て"おかしい"と思った人はどのくらいいるでしょうか。手足の筋肉は、一つの骨の端から端までついていると思っている人が多いようですが、実はそうではないのです。

　みなさんは、筋力トレーニングを考える場合に、体を部分に分けて、そのうちのどこを鍛えるか、ということを考えると思います。つまり、筋力トレーニングで「太ももの裏側を鍛える」、「肩周辺を鍛える」などという場合が多いようです。あるいは、「膝を鍛える」、「肩を鍛える」というように「関節を鍛える」といういい方もよくされます。

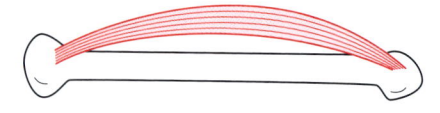

図1-1　多くの人が考える筋肉のつき方

　「末續慎吾選手やモーリス・グリーン選手など世界のトップスプリンターは腸腰筋を鍛えていると聞いたのですが、その筋肉を鍛えたら速く走れるのですか。どうやったらその筋肉を鍛えられますか」という質問をよく受けます。

　そのような場合、私は、「腸腰筋（15ページ、図1-6参照）を鍛えて、走動作のなかでどう活かすつもりですか。その筋肉がどこから始まってどこについているか知っていますか。その筋肉が働くとどのような動作が生じるのかを知っていますか。そうしたことを知らないで、その筋肉さえ鍛えれば速く走れると思うのは、思い違いですよ」と返事をすることにしています。

　筋力トレーニングで筋肉を鍛える場合、筋肉の機能や働きを知って、その機能を鍛えるということを忘れてはなりません。筋肉は、図1-1のように、一つの骨の端から端までついていると思っていると、筋肉を体の場所で考えるようになります。実際は、図1-2のように手足の筋肉は関節をまたいでついています。筋肉を働き（機能）で考えるくせをつけるようにしましょう。

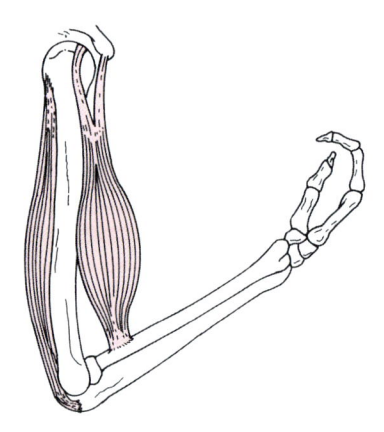

（窪田登監修『スポーツPNFトレーニング』大修館書店）
図1-2　関節をまたいでついている筋肉

> **考えてみよう —1—**
>
> ### ふくらはぎの筋肉はどこについている？
>
> 図 1-3 は、ふくらはぎの筋肉を途中まで書いたものです。この筋肉の行きつく先はどこですか。実際に図に書き入れてみてください。この筋肉は足首を伸ばす働きをします。たとえば、踵をあげて、つま先立ちをするときに働く筋肉です。

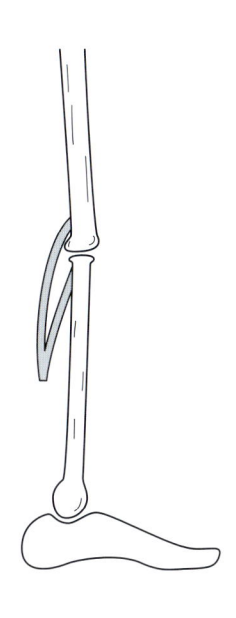

図 1-3　ふくらはぎの筋肉の行きつく先は？

　ふくらはぎの筋肉に触ってみましょう。この筋肉は三つのパートに分かれているので、下腿三頭筋といいます。この三つの筋肉の足首関節に近い部分はアキレス腱という腱組織[*1]になっていて、三つの筋を一つに束ねています。この筋肉の行きつく先、つまりアキレス腱の行きつく部分はどこでしょうか。

　正解は、下腿三頭筋は、下腿骨の下で終わっているのではなく、足首関節をまたいで踵の骨についています（14 ページ、図 1-4）。

*1　腱組織
　骨格筋は骨に付着するが、やわらかい筋組織のままでは固い骨に付着することは不可能である。そのため骨格筋と骨との間を仲介するものとして腱が存在する。最近では、筋と腱を合わせて筋腱複合体（連合体）という場合がある。

［2］腹直筋、腸腰筋、インナーマッスル

　次は、体幹部、つまり胴体についている筋肉を考えてみましょう。体幹部の筋肉は、体幹を固定したり、体幹を前後左右に曲げたり、ねじったりするために、体幹の表面のある部分から他の部分へとついています。肩関節や股関節のように、腕や脚が体幹と接続する部分の筋肉は関節をまたいでついていますが、体幹には股関節のような関節はないので、体幹部自体の動きにかかわる筋肉の場合は、関節をまたいでついてはいません。

図1-4 ふくらはぎにある下腿三頭筋は足首関節をまたいで、アキレス腱で踵の骨についている。

腹筋はどこについている？

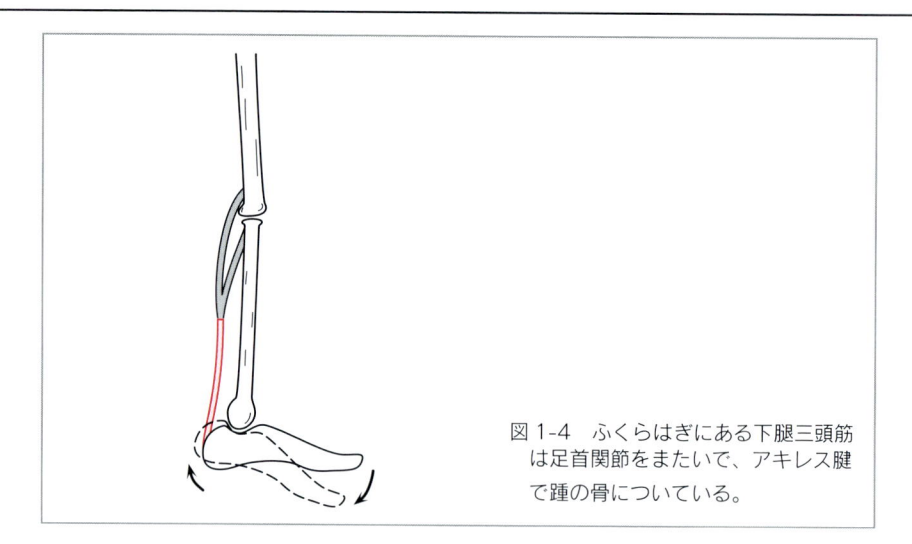

考えてみよう —2—

体幹の筋肉といえば、誰もが思いつくのが腹筋です。腹筋を鍛える運動でおなじみなのが上体起こしです。つまり、腹筋は、上体を起こす筋肉だと考えられています。では、腹筋の代表格である腹直筋は、どこからどこまでついているでしょうか。図に書き込んでみてください。

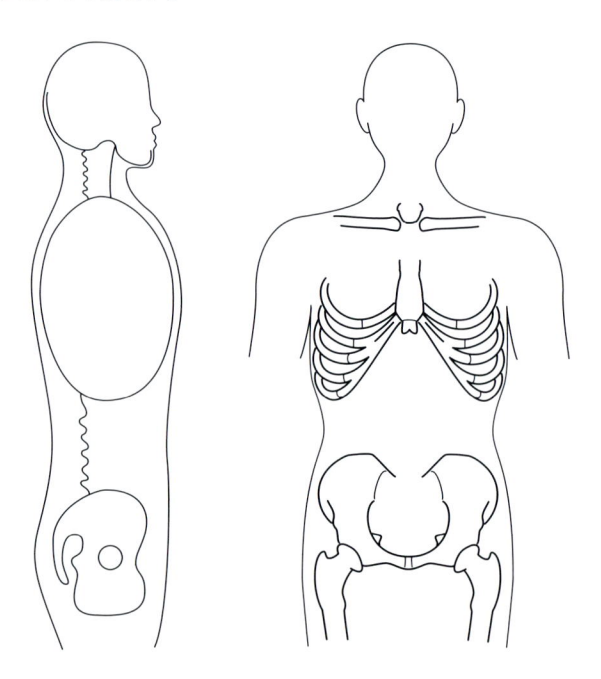

図1-5 腹直筋の行きつく先は？

　自分の腹直筋に力を入れて、手で触って考えてみてください。正解は、左右に2本の筋肉が肋骨の中央付近の下端部から骨盤まで縦についています（16ページ、図1-8）。

上体を起こす運動とは、脚の骨と上体（体幹部）との間の角度、つまり股関節（図1-7）の角度が閉じる（狭くなる）動きです。ですから、股関節をまたいだ筋肉が筋力を発揮しないと、上体が起きる動きは生じません。ここで重要なのは、腹直筋は股関節をまたいでいる筋肉ではないということです。

股関節をまたいでついていて上体を起こす動き自体にかかわる筋肉は、大腰筋と腸骨筋、つまり腸腰筋と呼ばれる筋肉です（図1-6）。この筋肉は、からだの表面の筋肉ではなく、深い部分にある筋肉です。手で触ってわかるからだの表面の筋肉は、表層筋（アウターマッスル）といいます。手で触って確かめられないからだの深い部分にある筋肉は、深層筋（インナーマッスル）といいます。腸腰筋は、インナーマッスルです。

この筋肉は、目立たない筋肉ですが、スポーツマンにとっては、非常に大切な筋肉で、最近注目を浴びています。短距離選手は、この筋肉が太い人ほど速く走ることができるというデータも出ています。しかし、この筋肉を筋力トレーニングで太くすれば速く走れると思うのは誤解です。

大事なことは、腸腰筋をいつもしなやかな状態に保って、この筋肉をしなやかに引き伸ばしながら使う動作を覚えることです。毎日の歩行や練習時にこの筋肉を使っていると、自然にこの筋肉は太く、しなやかになって、走る動作などに活かすことができる筋肉になっていきます。

末續慎吾選手のコーチ、高野進さん[*2]が400mの現役選手だったころ、他の短距離選手に比べて、腸腰筋がずば抜けて太かったというデータがあります。当時、「高野さんだけが、短距離走で、オリンピックや世界陸上といった世界規模の大会で決勝に残る成績をおさめることができたのは、この筋肉を鍛えていたからですか」と、私は高野さんにお聞きしたことがあります。

高野さんの答えは、「とくにその筋肉を意識して筋力トレーニングで鍛えた覚えはありません。走り方の勘違いに気がついて走法の改善を試みていく過程で、ふだんの歩きや、練習や試合の走りのなかで、何万回、何百万回と腸腰筋

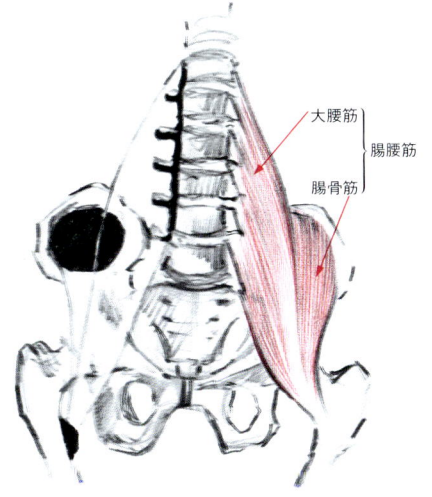

＊2 高野　進選手
　1961年静岡県富士市生まれ。富士市立吉原商業高校3年時の高校総体200mに22秒02で3位。東海大学3年時、400mで12年ぶりに日本新記録（46秒51）を樹立。90年北京アジア大会200mで20秒94で優勝。91年日本選手権大会で400m日本新記録（44秒78）。92年バルセロナ・オリンピックでは、陸上短距離で日本人初の決勝進出を果たす。400mの日本記録は、2004年現在、まだ破られていない。現、東海大学助教授。

図1-6　インナーマッスルの腸腰筋（大腰筋と腸骨筋）
（R.ヴィルヘード『目でみる動きの解剖学』大修館書店）

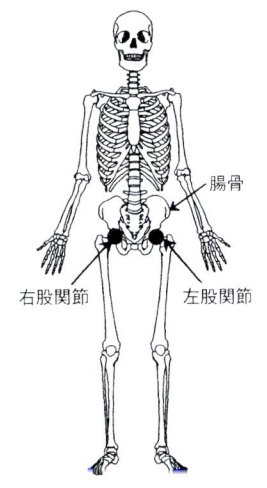

図1-7　股関節の位置
（小田伸午『運動科学』丸善）

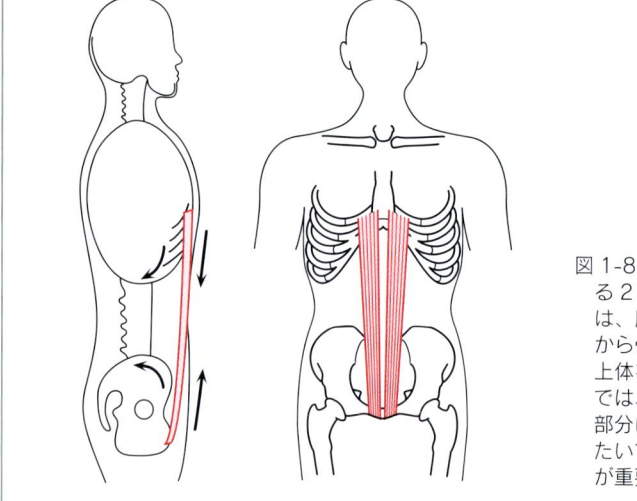

図1-8 腹部を触ってわかる2本の表層筋（腹直筋）は、肋骨の中央部の下端から骨盤へとついている。上体を起こすような運動では、腹部のもっと深い部分にあり、股関節をまたいでついている腸腰筋が重要な働きをしている。

を使っているうちに、自然にこの筋肉が肥大していったのだと思います」というものでした。

この筋肉を意識的に筋力トレーニングで鍛えても、実際の走動作のときにその筋肉を使えなければ、その効果は望めないということになります。

腰痛とは？

スポーツマッサージが専門で、スポーツトレーナーの仕事もしておられる小山田良治氏（五体治療院代表、愛知県小牧市）からお聞きした話ですが、慢性的に腰痛を感じる人の多くが、痛む筋は固有背筋（図1-9）だと勘違いしているのだそうです。

ぎっくり腰なども、腸腰筋の痛みである場合が多いのですが、腸腰筋は腰椎についているため、腰の表面にある固有背筋が痛いと思うようです。もちろん、立位姿勢で上体を起こそうとするときに、腸腰筋が硬くなりしなやかに伸びなくなっていると、固有背筋が緊張して痛む場合もあります（図1-9）。

いずれにしても、腰痛は、腸腰筋がしなやかさを失って、硬くなってしまい、動作のなかで、その本来の機能を失っていることで生じる場合が多いようです。上体起こしによる腹筋運動を熱心にやりすぎて、腰を痛める選手が多いことはよく知られています。この場合は、上体起こし動作の主動筋である腸腰筋が腰椎に付着する部分が痛む場合が多いようです。

体幹部についている表層部の腹筋群を鍛えるのであれば、仰向けに寝た姿勢で、膝を立てて、胃の部分を上に突き上げるようにして、床から少し背中を浮かせて体幹にアーチを作ります。この状態から、両手を鳩尾において、頭をあげながらへそを見るようにして、鳩尾から体幹部分を折るようにするだけで、十分表層部の腹筋群が鍛えられます（図1-10）。この動作にひねりを加えれば、斜腹筋群も鍛えられます。

このように、表層部の腹筋群は、上体を起こす動作ではなく、鳩尾から体幹部分を折るようにする動作によって鍛えられます。

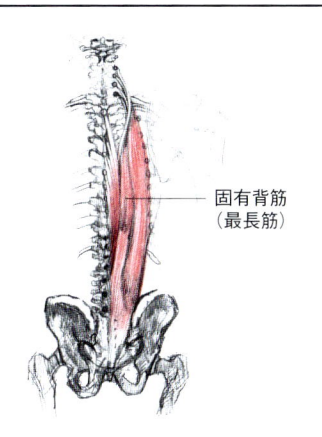

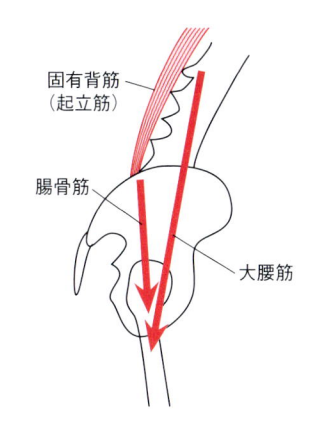

図1-9 固有背筋──最長筋（左）と起立筋（右）
(R.ヴィルヘード『目でみる動きの解剖学』大修館書店)

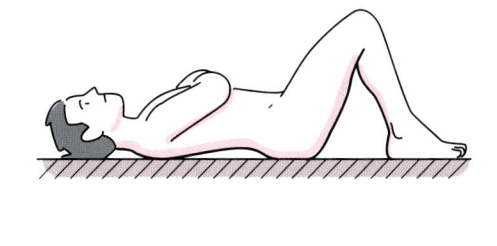

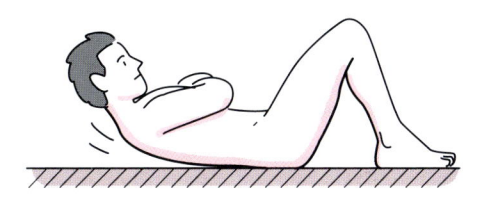

図1-10 表層部の腹筋の鍛え方

ももあげの誤解

カール・ルイス選手[*3]を育てたトム・テレツコーチは、あがりすぎるくらいよくもものあがるルイス選手を見て、「そんなにももをあげなくていいんだよ。ももは、あげるのではなく、あがってくるんだ。あがってくるときには、すばやく下げないといけない」とアドバイスしたそうです。

誰よりもももがよくあがることを誇（ほこ）らしげに思っていたルイス選手は、テレツコーチの言葉の意味が最初はよくわからなかったものと思われます。しかし、そのことの本当の意味を、時間をかけて頭とからだで理解したルイス選手は、世界のトップスプリンターの座を手に入れたのです。

ももをあげれば速く走れるというのは、ある意味で誤解です（図1-11）。ももあげに関わる筋肉（腸腰筋）は、脚が股関節を中心とした後方スイングから前方スイングへと切り替わる局面で活動します。その後のももあげの局面では活動を休止してしまいます。腸腰筋の活動が休止した後は、ももは惰性（だせい）（慣性（かんせい））の力であがっていきます。

ももがあがる局面では、重力の力によってももは下がろうとします。さらに、筋神経系の働きがももを下げる動きを助けます。つまり、筋神経系の活動のスイッチが切り替わって、ももを下ろす筋肉（太ももの後ろのハムストリングスやお尻の筋肉）が働くようになっているのです。このときに勘違いして、ももをもっと高くあげる指令を脳から筋肉へ送

(PHOTO KISHIMOTO 提供)

＊3 カール・ルイス選手
1961年アメリカ生まれ。1984年のロサンゼルス・オリンピックで、100m、200m、走り幅跳び、400mリレーに優勝。以後、ソウル、バルセロナ、アトランタ・オリンピックに出場し金メダルを獲得。とくに、36歳のときに出場したアトランタ・オリンピックでは、走り幅跳びで8m50を跳び、オリンピック同種目4連覇の偉業をなしとげた。

図1-11 誤解されているももあげ

＊4 伸張反射
英語では、ストレッチリフレックスという。筋肉は、すばやく引き伸ばすと、もとの長さに戻ろうとして、引き伸ばす力に対抗して収縮する（短くなる）力を発揮する。これは、脳を介さないで起きる反射活動で、筋肉が伸張（ストレッチ）すると起きる反射なので、伸張反射という。

＊5 慣性力
たとえば、大きな船が一度ある方向へ向かって動き出すとその惰性の力によってなかなか止まらないで動いていく。この惰性の力を慣性力という。

ると、スムーズな脚の回転は崩れてしまい、スイング方向の切り換えが遅くなります。

腸腰筋の活動は、筋が引き伸ばされたときに生じる伸張反射[＊4]という自動運動が大きく関与するものと思われます。ももは、腸腰筋の伸張反射活動と慣性力[＊5]という物理法則によってあがってくるのであって、意識的にあげるものではないのです。からだの動きを外から観察した通りに、つまり、ももがあがることを見てとって、ももをあげようとしたら、間違ってしまうということです。

カール・ルイス選手はこのことに気がついたのです。運動は見た通りに意識してやると、見たような動きにならないことがあります。ももがあがるときには、もうすでにももを下げる力が働き始めています。何かの動作が終わるときには、もう次の動きが始まっています。動きの方向が切り換わるところはとくに要注意です。動きの方向が切り替わるところでは、動きの方向と力のかかる方向が逆になっていることがあります。

2 腕は肩からついているのではない

[1] 肩甲帯と肩甲骨

各種のスポーツ動作の重要なポイントとなる、肩と胸と肩甲骨周辺（このあたりを「肩甲帯」といいます）の動きについて解説します。

「気をつけ」の姿勢をしてみてください。両足をとじて、脇をしめ、思いきり胸を張って、顎を引きます。この姿勢は、いかにも、背すじが伸びたよい姿勢の代表のように思われています。しかし、この姿勢でスポーツ動作を行おうとしたら、スムーズに動くことはできません。実は、本当の"気をつけ"は、"不動の姿勢"といって、いつでも動き出せる気構えの姿勢であったのですが、いつのまにか、がちがちに固まった姿勢だと誤解されるようになったようです。この点に関しては、第2章で述べ

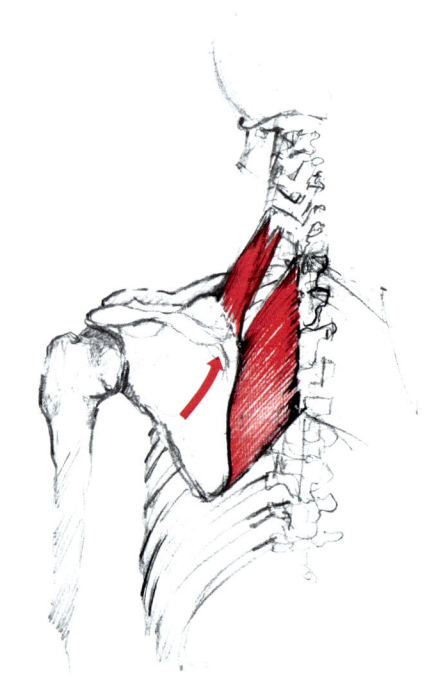

（R.ヴィルヘード『目でみる動きの解剖学』大修館書店）

図1-12　菱形筋

ます（87〜88ページ参照）。

脇をしめて、思いきり胸を張ると、背中の左右の肩甲骨が背骨側に寄って、肩がつりあげられていることがわかると思います。二人組になって、誤った"気をつけ"をしている人の背中側に回って、左右の肩甲骨が背骨側に寄っているのを確認してください。肩甲骨のこの動きを内方偏位といい、この動きに関与する筋肉を菱形筋といいます（図1-12、1-13）。

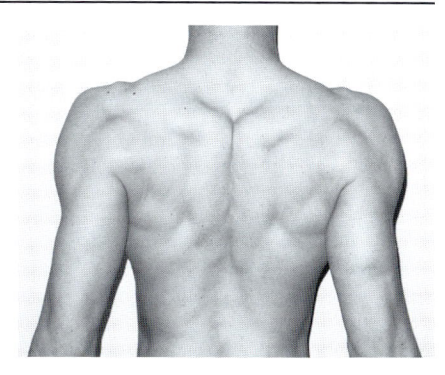

図1-13　肩甲骨が内方偏位した状態の背中

肩甲骨の外放（がいほう）

投げ動作や、ラケットやバットを使った打つ動作など、テイクバック動作のときに、積極的に菱形筋を緊張させて、肩甲骨を背骨側に引きつけてしまうと、しなやかな動作はできません。そうすると、力感（力を入れている感じ）は大きくなりますが、力感のわりには、投げられたボールや振られた打具の速度はあがっていません。

立ったときの肩甲骨の位置は、背骨側とは反対の外側に放つようにして、しかもつりあげずに力を抜いて下に落としたポジションにしておくことが大切です。肩甲骨がこの位置にある状態を本書では、「外放ポジション」ということにします。

やってみよう −1−　外放ポジションをとってみよう

図1-14をご覧ください。これが肩甲骨の外放ポジションをとっているところです。

大きなボールを抱えるような感じで、ゆったりと肩、肘の力を

図1-14　肩甲骨の外放ポジション

抜いて、肩甲骨を外に開いて、落とします。膝も少しゆるめておきます（これを「膝の抜き」といいます）。

足先と膝頭は、やや外側に向けておきます（これを「股関節の外旋」といいます）。体重を足裏の拇指球で受け止めるのではなく、足裏全体で受け止め（フラット荷重）、感覚的には、拇指球の感覚をはずして、足裏の踵とアウトエッジの感覚を意識しておきます（これを「アウトエッジ感覚」といいます。47ページ、図1-51参照）。

みなさんも、実際にやってみてください。

図1-14の姿勢を、空手では「立禅の姿勢」というそうです。両腕を胸の前にもっていき、大きなボールを抱えるようなイメージで、肩の力、肘の力を抜きます。このときの、肩甲骨が外に放たれて下に落ちた外放ポジションを感じ取って、そこから、腕を下げてふつうに立ちます。これは二軸動作（後述）の基本的な立ち方です。

引く動作

腕相撲も、この肩甲骨を外に放つポジションと関わってきます。ためしに、図1-15の左のように、肩甲骨を背骨側に思いきり引いた状態で、立った姿勢で腕相撲をしてみてください。

この状態だと、肩から先の腕力だけで力むことになります。おもに、肘と手首だけで力を発揮しています。このように肩甲骨を背骨側に引いた腕と肩周辺のポジションを本書では、「引くポジション」ということにします。そして、引くポジションの状態から行う動作、あるいは引くポジションにもってくる動作を「引く動作」ということにします。

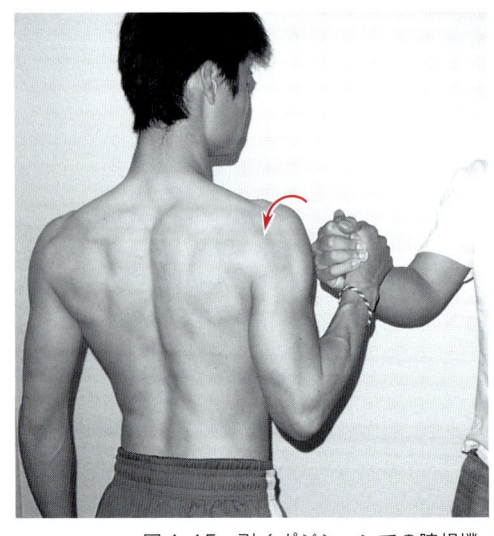

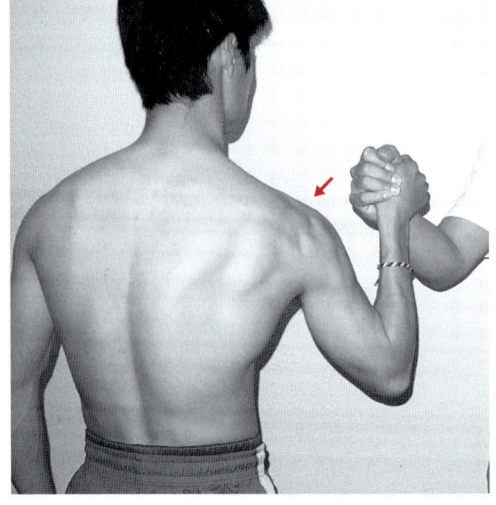

図1-15　引くポジションでの腕相撲（左）と押すポジションでの腕相撲（右）

押すポジションで腕相撲をしてみよう

やってみよう —2—

それでは、引くポジションの人に対して、肩甲骨を外に放って「押すポジション」をとってみましょう。このようにすると、相手と組んでいる手に対して、斜め前方下に押すポジションとなります。この状態から、「押す動作」で腕相撲をしてみると、引く動きとは異なることがわかります。引く動きでは、腕力の勝負になります。引く動作と押す動作を入れ替えてやってみましょう。引く動作では負けていた人が、押すポジションからの押す動作で対抗すると、こんどは勝つことができます。

握っている手のひらが下を向くように、前腕部を内側に返す（回内動作といいます。27ページ＊7参照）ようにして押します。この場合、肘と手首の力に加えて、上腕を肩から内側に回す力や上腕を胸の前で閉じる力、さらには、体幹自体を平行移動する力や、膝を一瞬抜いた結果得られる地面反力を使うと、とてつもなく強くなります。

ベンチプレスと腕立て伏せの違い

このように、相手と握り合った手に、非常に多くの力を注ぎ込めるのが、押す動作です。押す（プッシュ）とは、多くの力を一点に集めて押すことを意味します。一方、プレスというのは、面で押す動作を意味します。ベンチプレス（図1-16）というのは、大胸筋や上腕三頭筋という一部の筋肉の力を、バーベルを握った両手間の面に向かって押していく動きです。

それに対して、腕立て伏せ（英語ではプッシュ・アップといいます）は、両腕の幅を肩幅かそれより狭く閉じて、手の甲に対して体を押しつけていくようにします（図1-17）。腕立て伏せというように、腕を立ててささえた上体を伏せていきます。押す動作のイメージで肘を曲げていくといい練習になります。手の甲に対して、体幹・胸を押していくイメージです。そして、曲げた反動で

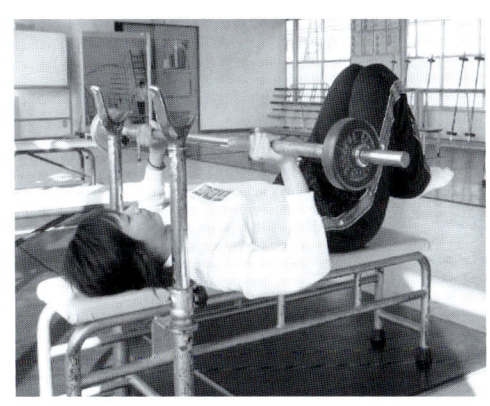

図1-16　ベンチプレス　　　　　　図1-17　腕立て伏せ

肘は伸びます。このとき、肩甲骨は、押すポジションにくるようにします。

ベンチプレスでは、腕幅を大きくとって、肩甲骨をいったん引くポジションにしないと重いバーベルはあがりません。重いものをじわーっとあげる場合であれば、この引くポジションをとったほうがよいのです。しかし、スポーツ動作の大半は、肩甲骨を押すポジションにして、相手やボール、打具の一点に力を集める押す動きなのです。腕立て伏せのよさを見直したいものです。

もし、ベンチプレスの動作を立って行うとすると、からだの前方に腕でプレス動作をするとき、上体は後方にのけぞるように引いています。押す動作のなかに、引く動作がまじっています。腕立て伏せを立って行うと、腕をプッシュするとき、からだ全体が前に出ていく、押す動きになることがわかります。二つの動作は、似ていますが、まったく正反対の動きともいえます。押す動作を目指すには、腕立て伏せをおすすめします。

プレスとプッシュ

ここで、また別の観点から、押す動作、押すポジションについて考えてみましょう。

Quiz 外国のサッカーのコーチは、3人、あるいは4人のディフェンスラインの中で、もし1人だけが下がった位置にいて、ラインがでこぼこになっている場合、ディフェンスラインをそろえるために、その選手に対して、"（　　　　）up!" というそうです。カッコの中に入る英単語は、何でしょうか。Pで始まる単語です。

正解は、Push です。Press ではありません。1人だけ出遅れているような場合には、「プッシュ・アップ！」というそうです。全体をそろえて押しあげる場合は、「プレス・アップ！」というそうですが、日本では、どちらも「あがれ」としかいいません（図1-18）。プレスは面で押す、プッシュは点で押す、というニュアンスの違いを感じ取る感性をもちたいものです。ボールを持った1人の相手に対して、1人があがる場合は「プッシュ」です。2人でプレッシャーをかけるときは「プレス」です。

チェストパスなど、バスケットボールでの種々のパス動作、サッカーのスローイン動作、野球やハンドボールの投げ動作、テニス、バドミントン、バレーボールなどのサーブ動作、スパイク、ストローク動作、ボートのローイング動作、ゴルフや野球の打つ動作など、どれも押す動作

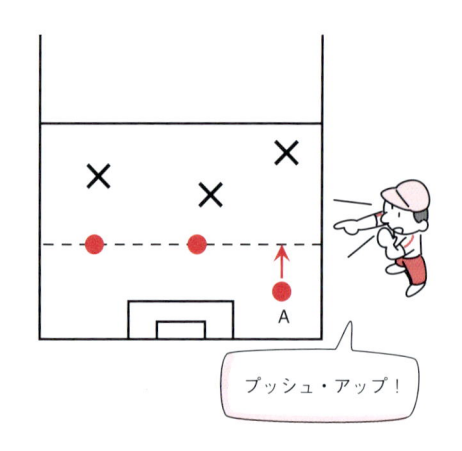

図1-18 「プッシュ・アップ！」が使われる場面

です（31 ページ、図 1-32 参照）。肩甲骨を引くポジションにしないで、押すポジションにすることで、肩などに負担がかからないで、楽にスムーズに力が発揮できるようになります。

［2］胸鎖関節

「あなたの腕はどこについていますか？」

このようにたずねられたら、誰でも、「腕は肩についている」と答えるでしょう。

腕の関節は、からだの中心から末端に向かって、肩関節、肘関節、手関節（手首）の三つであるという人がほとんどだと思います。実は、解剖学的な構造としてはもう一つ、肩関節より中心部に、胸鎖関節という関節があります。図 1-19 を見てください。胸鎖関節とは、胸骨と鎖骨の間にある関節です。

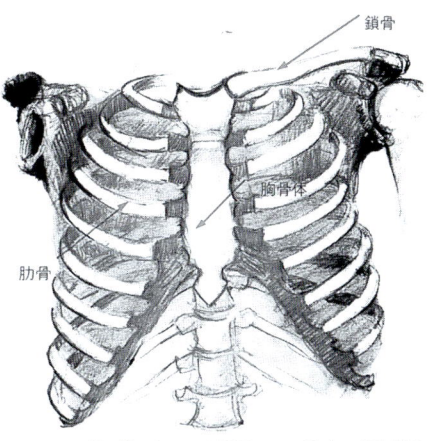

（R.ヴィルヘード『目でみる動きの解剖学』大修館書店）

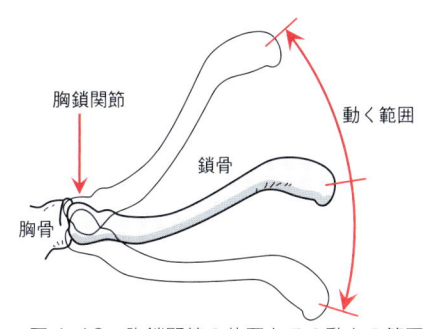

図 1-19 胸鎖関節の位置とその動きの範囲

手を真上にあげてみよう

やってみよう —3—

壁や柱に沿って立ってください。両手は下におろしています。肩の位置をそのままにして（肩を支点にして）、片手を真上にあげます（図 1-20 左）。指先が届いた位置に印をつけておいてください。

次に、胸鎖関節から腕がついていることを感じながら、肩の位置自体をあげて腕をあげてみてください。こんどは指先の届く位置はどうなるでしょうか？

肩の位置自体をあげると、指先の到達点が、5～10cm 高くなったのではないでしょうか（図 1-20 右）。

ある高校の女子バレー選手にこのことを話したのですが、その後彼女のブロックの高さは 7～10cm 高くなったそうです。

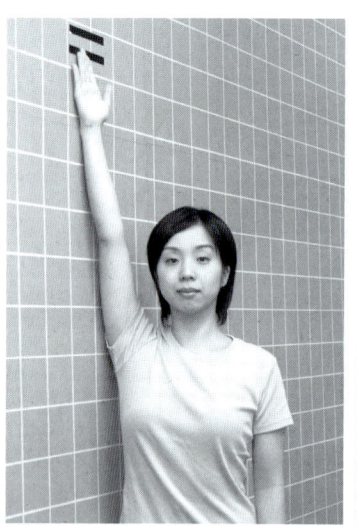

図 1-20　肩の位置（胸鎖関節を意識して腕をあげること）によって指先の到達点は違ってくる

　このようなこともありました。身長とジャンプ力がほぼ等しいバレー選手が、ネットの両側で向かい合って同時にジャンプして、ブロックの高さを競い合っていました。高さには差がなく、勝負は互角でした。そこで、一方の選手に胸鎖関節から腕をあげる方法を教えると、こんどはその選手のほうがずっと高くなったため、「どうして、どうして？」と大騒ぎになりました。

　ただし、胸鎖関節を意識するあまり、最初から肩の位置をあげておくのは感心しません。沈み込んだとき、肩関節や胸鎖関節をリラックスさせておくと、肩の位置は下がっています。そこから地面反力を受けると、肩がぽんと跳ねあがるようにして、胸鎖関節から腕があがります。肩は下がってからあがるのです。腕は肩から始まっているのではなく、胸鎖関節から始まっています。

＊6　地面反力
　地面を真下に押すと地面が真上に押し返してくれる。その力を地面反力という。人間が地面を押すのが「作用」で、地面が人間を押し返すのが「反作用」。作用反作用の法則がここにも存在している。動作のポイントは、いかに大きな地面反力を得て、それを活用するかにかかっている。
　ただし、地面反力を得る方法としては、大きな地面反力を得ようとして力んで地面を蹴る方法と、膝を抜いて重力の作用で落下して地面反力を得る方法の2通りがある。前者が「力を入れる動作」で、後者は「力を抜く動作」である。

やってみよう —4—　腕を前にあげてみよう

　こんどは、腕を前に出す動きです。両手は下におろしておきます。ふつうに肩を支点にして、片手を水平にあげます（図1-21左）。

　次に、胸鎖関節を感じながら、肩の位置自体を前に出して腕を水平にあげた場合、指先の位置はどうなるでしょうか。

　胸鎖関節がやわらかく動くと、連動して、肩甲骨も前に動きますから、指先の到達点が、5～10cm前になると思います（図1-21右）。肩甲骨、肩関節、胸鎖関節あたりを総称して肩甲帯と呼びますが、スポーツ動作を考えるときは、肩甲骨、肩関節、胸鎖関節の動きを互いに連動させて考えることがとても大切です。

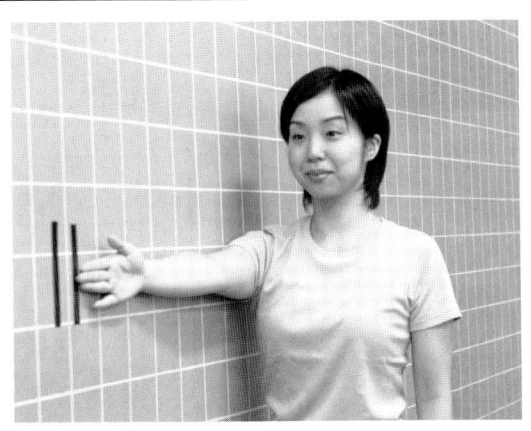

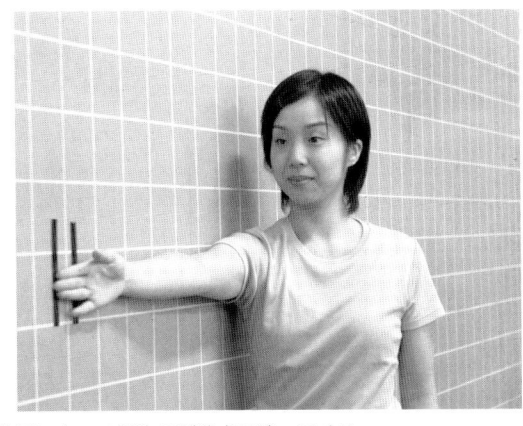

図1-21　腕を前に伸ばす場合も肩の位置によって指先の到達点は違ってくる

［3］投げ動作で考えてみよう

　野球の投げ動作を考えてみましょう。よく指導者は、「投げる腕側の胸を張れ」といいます。そういわれて、肩甲骨を背骨側に寄せる動きをする選手も多いのですが、これでは力んだ、肩に負担がかかる動きになってしまいます。

　肩甲骨を背骨側に寄せるストレッチをして、肩甲帯を柔軟にしておくことは重要なことです。しかし、投げ動作などのときに、予備動作として、胸を意識的に張って、肩甲骨を背骨側に寄せる動きをしないことです。ボールを持った腕を後方に残そうと意識すると、つい肩甲骨を背骨側に寄せて胸を張ってしまいます。このようにして投げると、残した腕をからだに向って引っ張ってくる動作になります。つまり、引く動作になってしまいます。

　投げ動作を、押す動作にするには、どうしたらいいでしょうか。予備動作の段階で、肩甲骨を力んで背骨側に引かずに、肩甲骨周辺の力を抜きます。肩甲骨を背骨から離れた外の位置に放つようにして押すポジション（肩甲骨の外放ポジション）をとり、胸鎖関節から腕が動くようにします。これが、投げ動作における押す動作です。

　野球の投手の動作を分解写真で見ると、手からボールが離れる直前に著しく胸を張る局面があります。これは意識して力んで胸を張っているのではなく、肩甲帯の力を抜いた結果で、自然に張れてしまうのです。投げる腕も意識的に残すのではなく、からだが前に出ていくために、結果として腕が残ります。

　動作を分解して説明すると、そうなっているので、つい、動作をするときに意識してそうしようとしてしまいます。しかし、そうするのではなく、そうなるのです。このことは、スポーツマンなら誰もが知っておきたいからだの動かし方のコツです。

やってみよう —5—

ふすまを押して開けてみよう

ここでは、日本家屋のふすまの開け方を考えてみましょう。

まず最初に、ふつうに肩を支点にして腕を回転させて開けてみてください（図1-22左）。次に、こんどは開けるほうの腕に体幹を寄せるようにしてふすまを開けてみるとどうでしょうか（図1-22右）。

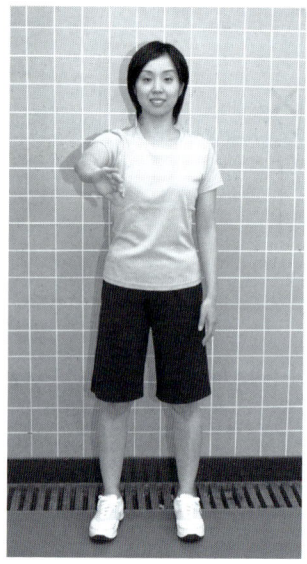

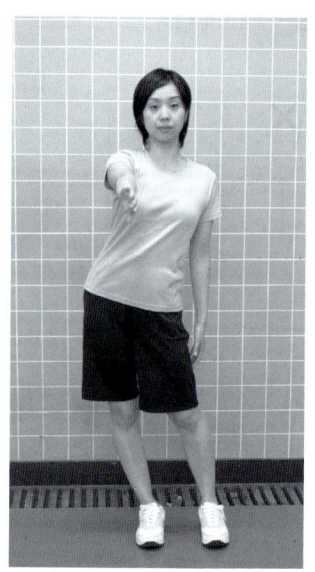

図1-22　ふすまを開ける動作——引く動作（左）と押す動作（右）

　図1-22の左の動作は、引く動作です。肩を支点にして腕で引いてふすまを開けると、肩甲骨は背骨側にどんどん寄っていきます。

　それに対して図1-22の右の動作は、ふすまを開ける腕側の股関節に体重を乗せて、体幹を平行移動させる動きです。これは、押す動作です。ふすまをからだ全体で横方向に押す感覚がつかめると思います。

　投げ動作において、ボールを持っていない腕側の肩甲骨の使い方に、ふすまを開けるときの押す動作の感覚を応用してみましょう。右投げの人なら、からだの中心軸を左に寄せる感覚（軸を寄せる感覚）がわかると思います。

ボクシングのパンチ

　ある大学のボクシング部の監督さんが、ボクシングでも、からだのまん中を軸にして打つのではなく、「軸を寄せて打つ」ということをおっしゃっていました。右ストレートを打つとき、右肩を中に寄せるようにして打つと、中心軸が左の股関節の方向に寄ります。

　このようにして打つと、体重が右の拳（こぶし）に乗って、リーチも伸び、パンチの威力が格段に向上します。構えは、背中を横方向に張るように肩甲骨を外に放ったポジションにします（図1-23）。これは、押すポジションです。押す動作によって体重の乗ったパンチが繰り出せます。軽く打ったつもりでも、体重が乗

って、重いパンチになります。また、ガードを固めることにもなります。

一方、肩甲骨を背骨側に引き寄せて構えると、これは引くポジションになります。ガードが無防備になってしまい、体重が乗りにくくなって、パンチ力も力感のわりには弱いものになってしまいます。

パンチを打つのと反対の手の動きは、通常、引いているように見えるので引き手といいます。しかし、実際の動作を行うときには、前に出ている左手に左胸を押しつけていく感覚で行うとうまくいきます（図1-23の矢印）。脇をしめて、そのまま

図1-23 右肩を中に寄せて押す動作でパンチを打つと体重の乗った、重いパンチになる

押す——これは、まさに押す動作です。この動作は、背中が張る感覚であって、左腕の脇を開いて引くと胸を張る感覚になります。このように考えると、右腕も左腕も押す動作であって、引く動作ではありません。

左腕を引いてしまうと、せっかく、右上半身が前に出ようとしているのに、左上半身がじゃまをして引く動きをしています。これでは、足し算をしようとしているところに引き算が入ってきて、プラスマイナスゼロになってしまいます。何がゼロか。それは、体幹が前に出ていく運動量がゼロということです。その場に居つく動きになってしまいます。押す動作は、すべて足し算です。

*7 回内・回外／内旋・外旋

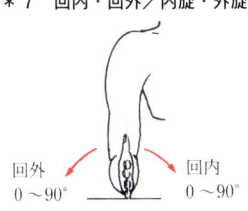

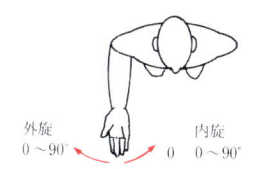

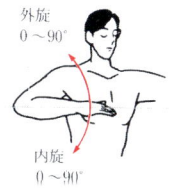

回外 0〜90° 　回内 0〜90°

外旋 0〜90° 　内旋 0〜90°

外旋 0〜90° 　内旋 0〜90°

（窪田登監修『スポーツPNFトレーニング』大修館書店）

ボールを持った腕の肩関節は外旋であげる

投げる動作のテイクバックで、ボールを持った側の腕の前腕を内側に回して（回内動作）[*7]、上腕も内側にねじったまま（内旋したまま）[*7]腕をあげていくと、右肩を痛めることがあります。よく「上腕は内旋しながらあげなさい」と指導されることが多いようですが、優秀な投手の動作を観察すると、最初は左右の上腕を内旋させたままあげていき、途中からボールを持った側の上腕を外旋させながらあげていきます（前腕は回内しています）。

肩、上腕を外旋させてみよう

やってみよう —6—

まず、上腕を内旋させたままの状態で腕をあげてみてください。腕がそれ以上あがらなくなるポイントがあると思います（図1-24左）。

次に、そのポイントから上腕を外旋させてみてください。そうするとどうなるでしょうか。

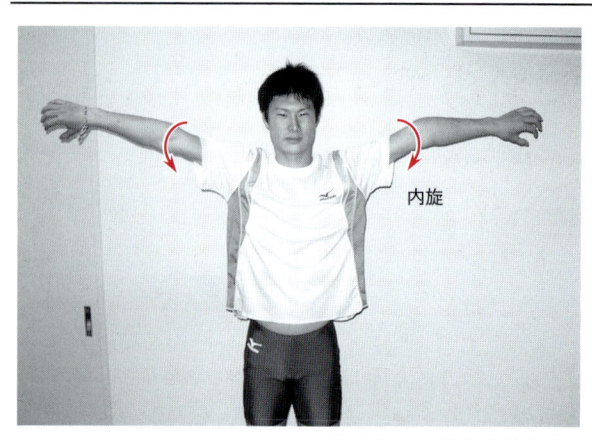

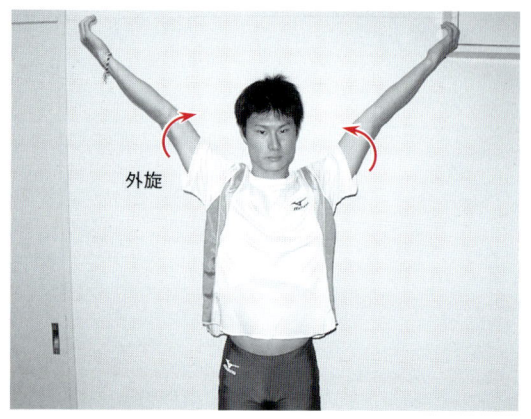

図1-24 上腕を外旋させると腕は楽にあがる（右）

腕をあげるときに、上腕を外旋状態にするとあがりやすくなります。内旋状態で腕をあげてあがらなくなったポイントから上腕を外旋させると腕はさらにあがるようになります（図1-24右）。

テイクバックで、上腕を外旋して腕をあげると、打者のほうから見ると、ボールが頭の陰になって見えなくなります（図1-26）。テイクバックで上腕を内旋したまま腕をあげると、ボールが頭で隠れず、打者から見えてしまいます（図1-27）。

ソフトバンクホークスの和田毅投手の投球動作は、ボールが見えないところからいきなり出てくるため、打者にとってタイミングがとりづらいといわれています。それは、テイクバックのとき、上腕が外旋して腕があがっていくからです。

図1-25のロジャー・クレメンス投手に見られる上腕の外旋に注目してください。（写真はテイクバック時から上腕がさらに外旋され、外旋が最大になったときを示しています）。

図1-25 大リーグ・クレメンス投手に見られる上腕の外旋
（Y. KOIKE / PHOTO KISHIMOTO 提供）

図1-26 テイクバックで上腕を外旋して腕をあげると、頭に隠れて打者からボールが見えなくなる

図1-27 テイクバックで上腕を内旋して腕をあげると、打者はボールを見やすくなる

［4］水泳も胸鎖関節―速く泳ぐには―

ハイエルボー

競泳のクロールで、キャッチとは、手を前方に入水して、遠くの水をつかむことです。しかし、それを「手を伸ばして入水し、そこから下へ水を押すこと」と錯覚している選手が多く見られます。このような動作では、手のひらや腕で水をかいている、あるいは水をとらえていると感じる力感は大きくても、そのわりには推進力に結びつきません。

腕を伸ばすというよりも、胸鎖関節を使って、肩を前に移動していくような動きが重要です。そのとき、極端に腕を内側にひねって（内旋）、親指から入水しようとしないことです。上腕を極度に内旋してリカバリー動作をすると肩を痛めることにもなりますし、筋疲労も起きやすくなります。

海外ではこの動きを、「ショルダーシフト（肩の移動）」ということがあります（図1-28）。ショルダーシフトの動きを行うには、胸鎖関節、肩甲骨がしなやかに動く必要があります。この動きは、クロールだけではなく、バタフライ、平泳ぎ、背泳ぎの動作にも共通しています。

クロールではハイエルボーポジションが大切だとよくいわれます。エルボーとは肘のことですが、ハイエルボーとは、水中から手が出て次の入水を迎えるリカバリー期に肘が高くあがっているということではありません。手が入水して、キャッチ時の肘、肩、手の位置の高さを観察したときに、肘が肩と同じ高さにあり、肘が指先よりも高い位置にあることをいいます。肩が肘より低い（ローエルボー）状態との違いを確認してください（図1-29）。

この動作を習得する際には、キャッチ時に直接肘をあげようと意識するので

図1-28　ショルダーシフトをしていない状態（上）とした状態（下）

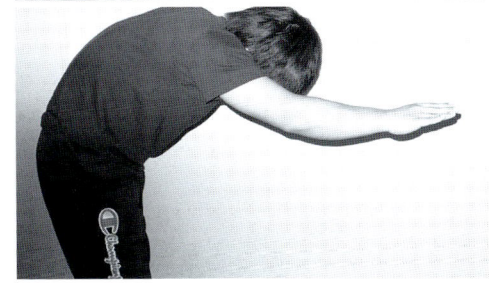

図1-29　ハイエルボーの状態（上）とローエルボーの状態（下）

〈胸鎖関節の使い方〉

高橋雄介氏（中央大学水泳部）と藤森善弘氏（日本体育大学水泳部）の2人のトップコーチから、胸鎖関節の使い方についての注意点を教えていただきました。

左の写真のように脇の下が浮きあがるように胸鎖関節を使うのが正しい動作です。こうして水をキャッチすると、からだが前につんのめるような感じでスッと入水して、肘がハイエルボーポジションになり、押す動作ができます。遠くの水をつかもうとして、右の写真のように手を伸ばしきると、そこから真下に水を押してしまいます。こうすると水が重く感じられるため、いかにも進むような感じはしますが、筋力を消耗するだけであまり推進力には結びつきません。力感だけにたよる泳ぎでは、推進力は得られません。

できるだけ遠くの水をつかめとよくいわれますが、胸鎖関節から腕を伸ばして大きな腕動作をしても、実

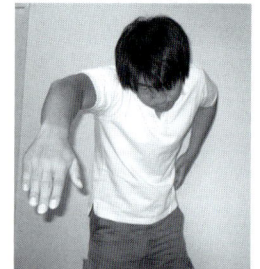

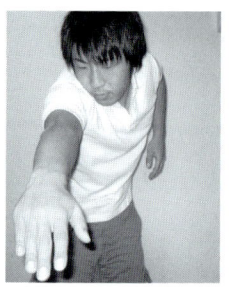

図1-30　右のように手を伸ばしきると筋力を消耗する

際の泳ぎではストローク長（ひとかきで進む距離）が伸びるわけではありません。押す動作によってボディーが前に進むことによって、ストローク長が伸びるのです。

はなく、胸鎖関節から腕を動かして肩の位置を前に出して入水し、脇で水をとらえる感覚で行うと、自然に肘が手より高い位置になります。つまり、肘の位置をあげようとして肘に意識をおくのではなく、結果として、肘の位置が高くなるようにするのがよいということです。

入水した腕が右腕だとして、いまその腕がハイエルボーポジションをとるとき、感覚的な表現をすると、大きなバランスボールの上に脇を置いたようになり（図1-29上）、右肩と右肘が浮きあがるようになります。そのとき、反対側の左腕は、リカバリー動作に入っています。

軸を左右に寄せる「押す動作」

椅子にすわった状態で片手をあげることを例にして、からだの軸について考えてみましょう。

やってみよう —7—

椅子にすわった状態で手をあげてみよう

まず、椅子にすわってふつうに右手を真上にあげてみてください（図1-31左）。次に、こんどは右に体幹を平行移動させて、右のお尻に体重をかけてあげてみてください（図1-31右）。

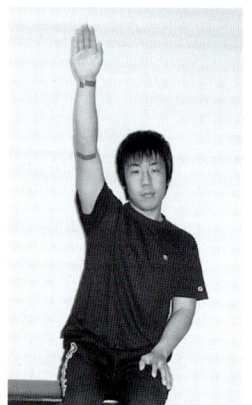

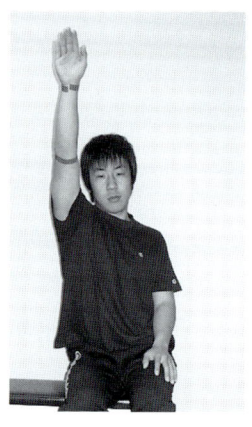

図1-31　左のお尻に体重をかけた状態（左）と右のお尻に体重をかけた状態（右）

図1-32 さまざまな競技に見られる押す動作

　とくに意識をしないと、多くの人は、左のお尻に体重をかけて体幹を左に傾けて右手をあげると思います（図1-31左）。この状態から上体を前に倒してクロールの入水時のイメージをしてください。これでは、からだのまん中に向かって腕を引く動作になってしまいます。

　これに対して、右に体幹を平行移動させて、右のお尻に体重をかけて右手をあげたのが図1-31右です。この状態から上体を前に倒してクロールの入水時をイメージしてみてください。右腕の脇で水をとらえるハイエルボーポジションと、押す動作の感覚がつかめるはずです。

　クロールで考えてみると、ローリングの軸をからだの中心軸に感じている人の動きは、入水した後、入水した側の肩や胸が大きく沈んでしまうため、水の抵抗が大きくなるものと思われます。このとき、入水時に軸を寄せる感覚が役に立ちます。そうすることで、押す動きになります。遠くに入水した手をからだに向かって引いてくるのではないのです。

　プル（引く）という表現も要注意です。外から見るとプル動作のように見えますが、動作感覚としてはプッシュ（押す）です。水泳のかき動作は、水の中で手を後方に動かす動作であると勘違いしやすいのですが、手の位置が後方に移動するのではなく、からだが前に進むのです。手の位置は後方に下がらずに、からだを推進させます。

　ショルダーシフトは、肩甲骨を押すポジションにもっていくための動きだったのです。背泳ぎも、左右交互に押す動作という意味では、クロールと同じです。左右の手足の動きが対称的なバタフライと平泳ぎも、ハイエルボーポジションで水をとらえて、押す動きで進む点では共通しています。

　ボートやカヌー競技なども同様です。入水したオールやパドルの先（ブレード）を支点にして、艇が前に進みます。動くのは艇であって、オールの先ではありません。これもいってみれば、押す動作です。押すと引くの勘違いでいえば、たとえば綱引き競技も、手で綱を手前に引く動作ではありません。からだ丸ごと後傾させて、脚で押す動作です。

　日本の鋸は引く、西欧のノコギリは押す、とよくいわれます。確かに、西欧のノコギリの刃は、手前から遠くに押しやるときに切れ、日本の鋸は、手前

に刃を移動させるときに切れるような刃の並びになっています。しかし、西欧の押すノコギリでも、日本の鋸でも、からだ全体で膝を抜いて押す動作で使うのが本当です。西欧のノコギリを足で蹴って手先だけで押すと、体は後ろに引けてしまって、引く動作になってしまいます。また、日本の鋸も、大工さんのからだ使いを見ると、からだのまん中に腕で引っ張ってくる動きではありません（これは素人です）。からだを半身にして、肩甲骨を外放し、肘と膝をやわらかく抜き、からだ全体の重みを使って切る、押す動作です。引くように見えますが、押す動作といえます。

　弓道でも、弓を引くといいますが、後ろの手で弦を引くのではなく、弓を持った前の手で押すのです。この手を押手といいます。ちなみに、弦にかけて引っ張る方の手を勝手といいます。勝という字には「耐える」という意味があります。押手で押して、勝手で耐えるということです。

腕は頭を中心にして回っているように見える

　大阪教育大学水泳部監督の生田泰志先生からお聞きした話ですが、クロールの世界トップスイマーを横から観察すると、腕の回転動作の中心に頭があるように見えるそうです。どうしてそうなるかというと、抽象的な表現になりますが、このような動きの選手は腕のかきの前半部分（手が入水してから腹の下までかく間）でしっかりと水をとらえて押す動きで進んでいるからです。

　しかし、力んで肘を伸ばしきることで、最後までかききったり、かきあげたりする選手の腕の動作を見ると、その回転の中心は、肩か、それよりも後ろにあるように見えます。なぜなら、腕のかきの前半部分では引く動作をして、水をしっかりとらえていないためにからだが進まず、それを補うために、後半部分で最後まで後方にかききって進もうとするためだと思われます。

　ストローク後半（とくに終盤）の動作のことを「フィニッシュ」という場合もあるようですが、このいい方も要注意です。フィニッシュというと、いかにもかききって、動作がいったんそこで終わるイメージがあります。海外では、フィニッシュといわずに、「リリース」といういい方をする場合があります。

　かききる動きでは、肩甲骨を背骨側に寄せてしまう動きになります。からだのまん中に軸感覚をおいて動作を行うと、そうなります。クロールで右手が入水したときに、右に軸を寄せます。つまり、入水位置も肩幅かややそれより広い位置にとって、上体を右腕に寄せていきます（その結果、右腕の肘がハイエルボーになります）。

　そのとき左腕はリリースの局面ですが、からだを右に寄せていくようにすると、左腕は肩甲骨を背骨側に寄せて最後までかききる動きはできなくなります。肩甲骨を外に放って（リリースして）、手は体の外（左）方向に向かって水を押しながら、水から抜いていく動きになります。このときには、入水した腕が水をとらえて、押すポジションに入っています。かききって進むイメージではなく、前の腕で押して（バランスボールに乗り込むように）進みます。

3 脚はどこから始まるか

［1］股関節

屈曲・伸展

「どこからが脚ですか」と聞かれたら、みなさんはどう答えるでしょうか。まず、実際にからだを動かして確かめてみましょう。

やってみよう —8—

右脚を前後に振ってみよう

立って、右脚を前後に振ってみましょう。このとき、どの関節が動いているでしょうか。

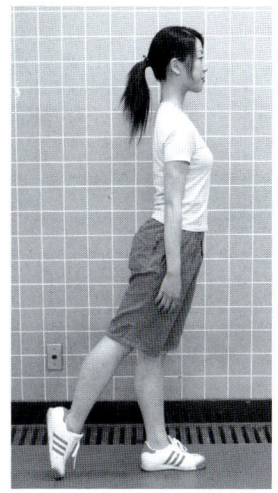

図 1-33　股関節の屈曲（左）と伸展（右）

正解は、股関節です。脚を股関節から前に振る動きを、股関節の屈曲といいます（図 1-33 左）。これは、上体と脚の作る角度が狭くなっていく動き、つまり股関節が曲がる動きです。

一方、脚を股関節から後方に振る動きは、股関節の伸展といいます（図 1-33 右）。これは、上体と脚の作る角度が広くなっていく動き、つまり股関節が伸びる動きです。

外転・内転

股関節の動きは、前後への屈曲、伸展の動きだけでしょうか。実は、股関節は左右にも動きます。

やってみよう —9—

右脚を左右にあげてみよう

図1-34左のように右脚を右方向にあげる動きをしてみましょう。次に、こんどは図1-34右のように、右脚を左方向にあげる動きをしてみましょう。

図1-34左のような動きを股関節の外転といいます。外転の外とは、からだの中心から離れて外の方向へ動くという意味です。それとは反対の図1-34右のような動きを股関節の内転といいます。内転の内とは、からだの中心に向かって動くことを意味します。

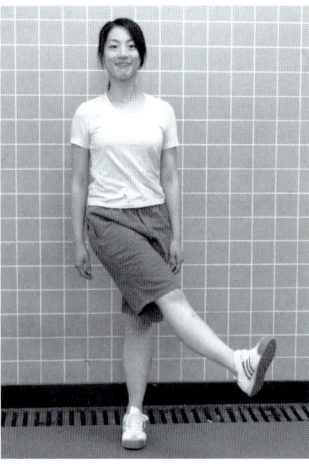

図1-34　股関節の外転（左）と内転（右）

外旋・内旋（がいせん・ないせん）

股関節の動きには、もう一つ忘れてならない重要な動きがあります。それは、外に回す動きと、内に回す動き、旋回の動きです。

やってみよう —10—

右股関節を内外に旋回させてみよう

図1-35左のように右股関節を外に旋回させてみましょう。次に、こんどは反対方向に図1-35右のように旋回させてみましょう。

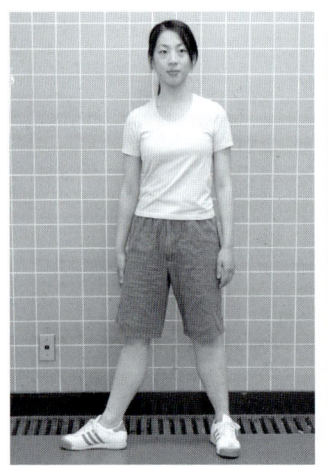

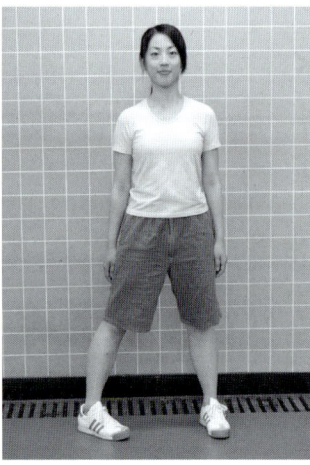

図1-35左のような動きを股関節の外旋といいます。それとは反対の図1-35右のような動きを股関節の内旋といいます。

図1-35　股関節の外旋（左）と内旋（右）——いずれも右股関節に注目

股関節は三次元

ここまでの「やってみよう」をやってきて、読者のみなさんは、股関節が三次元の方向に動くことを実感されたのではないでしょうか。走る運動で股関節の動きを考える場合、多くの人は、前後の屈曲・伸展の動きだけを思い浮かべると思います。しかし、実際には、前後にだけ脚を動かしているように見えても、股関節は、わずかですが外転・内転し、そして同時に外旋・内旋の動きもしているのです。

考えてみよう —3—　股関節のはまり方は？

大腿骨（太ももの骨）が、骨盤にはまっている部分が股関節ですが、大腿骨はどのようにはまっているのでしょうか。図 1-36 の A、B のどちらだと思いますか。

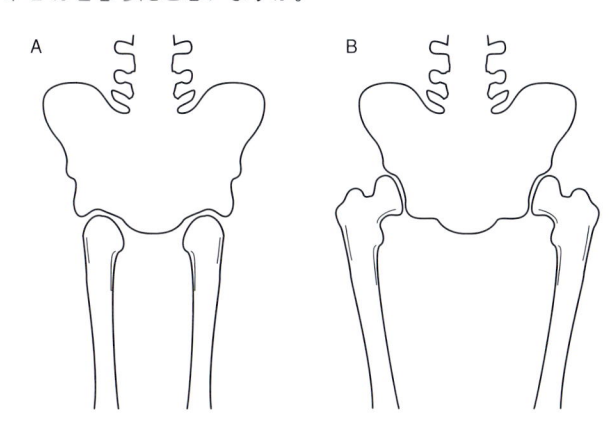

図 1-36　大腿骨はどのようにはまっているか？

図 1-36A のように大腿骨が骨盤の真下にはまっていると思っている人が多いと思います。このように股関節をイメージしている人は、股関節は図 1-33 のような前後の動き、つまり伸展・屈曲の動きしかしないと考えているのではないでしょうか。

実際の人間の股関節は、図 1-36B のようになっています。大腿骨が股関節にはまる部分をネックといいますが、大腿骨のネックは、図のように、外から中に向かった形をしています。つまり、大腿骨は、外から中に向かってはまっているのです。大腿骨が横からはまっている股関節の構造上のイメージとともに、股関節は、伸展・屈曲の動きに加えて、内旋・外旋、そして内転・外転の動きができることをイメージしましょう。股関節は、前後だけの動きをするのではなく、三次元の方向に動く関節なのです。

股関節を英語では、Hip joint といいます。したがって、股関節は、左右のお尻（Hip）の中にある関節だと思ってください。股関節というと、太ももの付け根の前の部分を感覚する人が多いと思います。股関節の位置を、太ももの付け根の前の部分とイメージする人は、「股をしめなさい」といわれると、脚を内側にしめて、股関節は内旋してしまいます（49 ページ、図 1-55 左を参照）。

＊8　大腿骨のネック

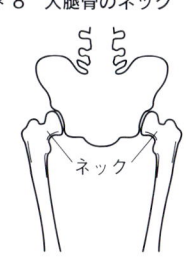

*9 お尻のエクボ
　立位姿勢をとったときに左右の殿部（お尻）のくぼんだ部分のことをいう。

　股関節は、もっと後ろにあります。お尻のエクボ[*9]の中に埋まっています。「股関節はどこですか」といわれたときには、太ももの付け根の前側を指すのではなく、お尻の横の方を指しましょう。
　こういう感覚で股関節をとらえていると、「股をしめなさい」といわれたとき、お尻の間にはさんだ板をお尻でしめるようにイメージすることができるようになり、股関節は外旋します。

関節の種類

　ここで、関節の形のことを少し勉強しましょう。股関節や肩関節のように、360度の方向にぐるぐる動く関節は、球関節といい、図1-37Aのような形になっています。転ばないで歩いたり、ボールを蹴ったり、スパイクを打ったりすることができるのは、この球関節のおかげです。
　そのほかに、肘関節や指の関節（指節間関節）などは、蝶番関節といいます（図1-37B）。前腕の回外（右手でドアノブを右に回す動き）動作や、回内動作（回外と反対方向の動き）は、図1-38のように、前腕にある二つの骨のうち、橈骨が尺骨の周囲を回転することで生じますが、このような関節を車軸関節（図1-37C）といいます。
　さて、回内・回外に関わる動作で、おもしろい話があります。肘が伸展している状態では、回内・回外運動の軸は小指を通りますが、肘が曲がった状態で

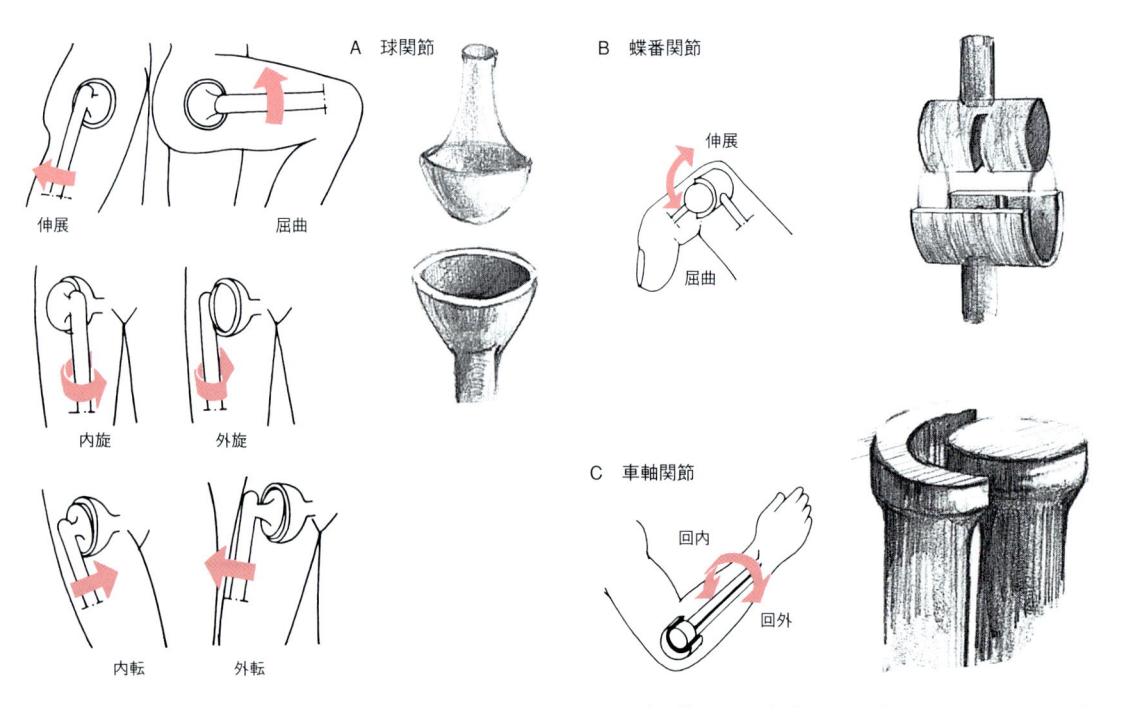

A　球関節　　　　　　B　蝶番関節

伸展　　屈曲

内旋　　外旋

C　車軸関節
回内　回外

内転　　外転

(R.ヴィルヘード『目でみる動きの解剖学』大修館書店)

図1-37　関節の種類

は、その軸は中指を通るということです。剣道の竹刀、テニスのラケット、あるいは野球のバットを握るときに、全部の指で強く握らずに、小指に感覚をおいて握るとよいとよくいわれます。しかし、小指が回外・回内軸になるのは、肘が伸びたときであって、肘が曲がっているときには、中指に軸があります。

久留米高専の木寺英史先生から、剣道の竹刀の握り方について教えていただいたことがあります。木寺先生によると、構えの最初から小指に感覚をおくのではなく、中指に感覚

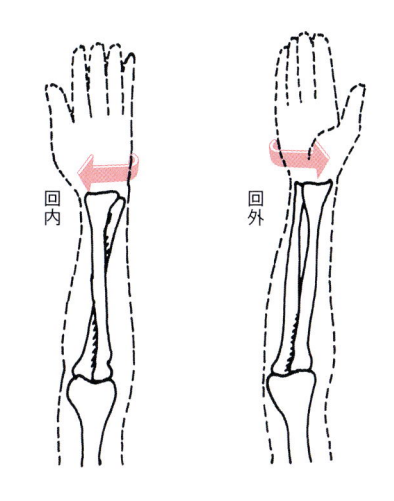

図1-38　右前腕の回内（左）と回外（右）

をおいておき、肘が伸びるときに小指に感覚を移していくとよい、ということです。

イチロー選手など、バットを構えるときに、グリップエンドに小指をひっかけるようにしている選手を見かけますが、こうした指の使い方は、構えにおいて、小指をはずしているのだと思います。人差し指をぎゅっと握らず、小指を薬指の上にかけて、中指と薬指でバットを握るプロ野球選手も見かけます。剣道の打突、野球のバッティング、あるいはテニスやゴルフのスイング動作も、前腕の回内・回外動作がからみますが、みなさんも肘が屈曲した状態での中指の感覚について確かめてみてください。

腰が回るとは？

腰とはどこでしょうか。「腰に手をあててみてください」といわれると、多くの人は、左右の骨盤（腸骨の上端の腸骨稜といわれる部分）に手をあてるでしょう（図1-39）。一般に「腰に手をあてる」と表現されるポーズです。

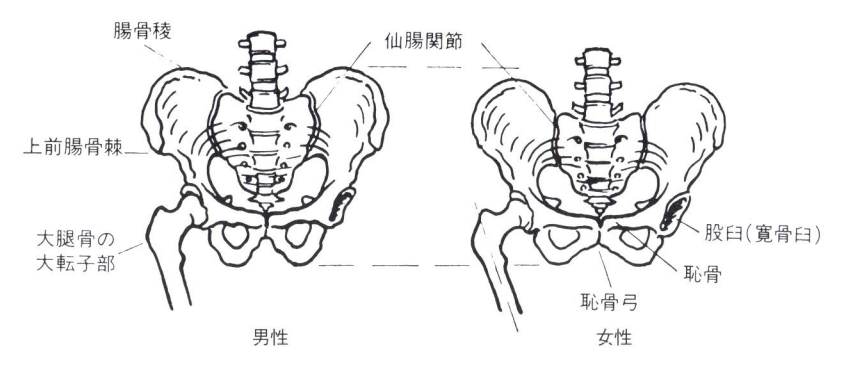

図1-39　骨盤の構造　　　　　　　　（C. スパンジ『やさしいダンスの解剖学』大修館書店）

では、立った状態で、いまみなさんが手をあてた腰（骨盤）が水平に回転するとき、どこが動いているのでしょうか。背骨の下部の腰椎でしょうか。しかし、腰椎の１分節は、左右回旋方向の片側に１度ずつ（両側に計２度）しか動きません。五つの腰椎があるので、腰椎全体の回旋の範囲は片側に５度ずつ（両側に計10度）しか動きません。つまり、腰椎はほとんど、水平回転（軸回旋）しないのです。

腰椎が水平回転（軸回旋）しないのであれば、腰（骨盤）の水平回転はなぜ起きるのでしょうか。それは、左右の股関節（Hip joint）が回旋運動を行うからです。つまり、腰が回るのは、股関節が回るからなのです。実際にやってみて、からだで理解しましょう。

股関節を回してみよう

やってみよう —11—

① 両足を骨盤の幅に開いて、足部を床につけたまま動かさないで、ラジオ体操のように、体幹をひねって、左右に両腕を回してみてください。このとき拇指球に体重をかけて、股関節を内旋させて（足先と膝頭を内側に向けて）、腰を回してみるとどうでしょうか。

② 次は、足先と膝頭を外に向けて、股関節を外旋させ、膝を少しだけ抜きます（ゆるめます）。足先と膝頭が同じ方向を向くようにして、足裏のアウトエッジで体重を受け止めるような感覚で立ってみてください。拇指球荷重がはずせない人は、親指を少しあげてみてください。このとき膝から下の下腿部が垂直に立っていることを確かめてください。膝頭が足部の真上にきている状態です。

いわゆる"腰"が回るという動作は、左右の股関節が内旋・外旋することによって、腰（骨盤）が回るのです。このときに上の①のように拇指球に体重をかけると、腰は回りづらくなります。

②の状態が「外旋立ち」です。外旋立ちの状態で腰を回してみると、①の場合より腰が回りやすくなっていることに気がつくと思います。外旋立ちをすると、股関節はフリーになって、ゆるみます。ところが、股関節を内旋させると、股関節は硬くなって動きにくくなります。

アウトエッジに感覚をおくのですが、実際には拇指球と小指球と踵の３点に均等に体重がかかっています。足裏の外縁だけで

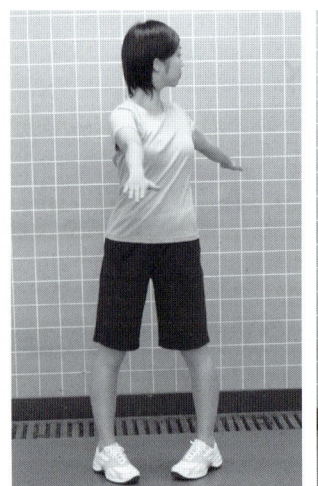

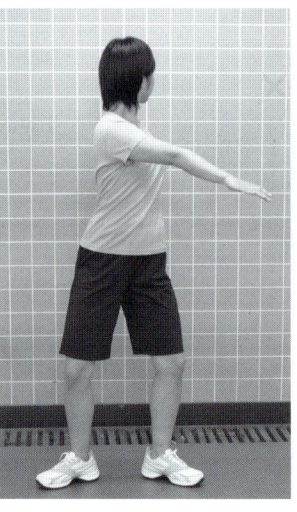

図1-40 股関節が内旋した状態（左）と外旋した状態（右）

（内側を浮かして）体重を受け止めるのではありません。これでは、捻挫をしてしまいます。拇指球に荷重感覚をおくと、小指には体重がかからなくなってしまいます。アウトエッジに体重をかけるような感覚でちょうどよいフラット荷重になります。感覚と実際の姿勢や動作はずれていることがあります。

［2］股関節の外旋

　球技では、前を向いたポジションからいきなり横方向に走り出すような動作が少なくありません。野球の盗塁や守備の動作、サッカー、バスケットボール、ハンドボールなどでは、横方向への動きが重要です。これらの動きのキーポイントは、股関節の外旋の動きにあります。行きたい側の脚の膝を行きたい方へ向けて、股関節を外に回すのです。そのときの股関節の動きが、外旋です。

股関節を外旋させてみよう

やってみよう —12—

　股関節を外旋させると、膝頭と足先が行きたい方向に向きます。そのとき、体重を行きたい側の股関節に乗せるようにします。図1-41を見てください。からだの中心軸は、行きたい方へ倒さないことがポイントです。からだの中心軸をまっすぐ立てたままで、体幹を行きたい側へ平行移動するようにします（中心軸を行きたい側の股関節軸に寄せます）。まっすぐ前を向いた状態から右にスタートを切る場合は、右股関節に体重を乗せて、右膝を抜くようにします（右膝で踏ん張らないで、右膝の力を一瞬抜いて、右膝を地面に突き刺すようなイメージです。本書では、この動きを「膝の抜き」といい、いたるところに出てきます）。これで、からだはスムーズに右に移動を開始します。

図1-41　行きたい方向（矢印の方向）の股関節を外旋させ、中心軸は立てたまま体幹を平行移動する

図1-42　イチロー選手の盗塁
　イチロー選手の盗塁におけるスタートの切り方は、まさに、右股関節外旋とその膝の抜きを使った動きである。右にスタートを切る際に、けっして、左足で強く蹴る感覚は使っていない。
　この動きをクロスオーバーステップという場合があるが、それは左足がすばやくクロスオーバーして出ていくからである。
（Y. KOIKE/PHOTO KISHIMOTO 提供）

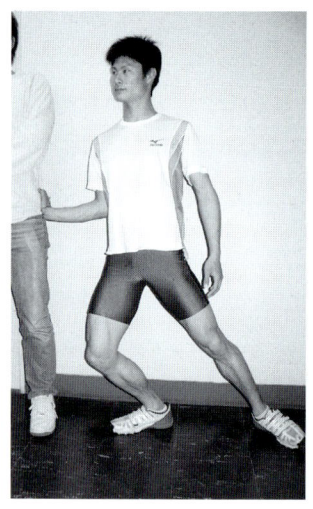

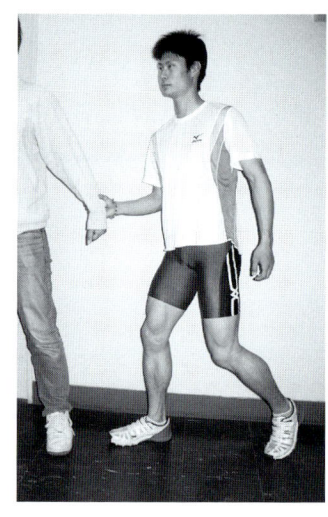

図 1-43　右足に体重をかけて右手でパートナーを押すように出ていく動き（押す動き、左）と、左足で蹴ってパートナーを引っ張りながら出ていく動き（引く動き、右）

　右方向にすばやくスタートを切る場合、左足にいったん体重を乗せてから左足で蹴る人が多いと思いますが、これではスタートが遅くなります。ペアになって向かい合い、同じ方向にスタートする競争をしてみてください。
　図 1-41 のスタートのほうが、左足で蹴って出るスタートに比べて、はるかに速いことがわかるでしょう。しかも、スタートが楽にできるという利点もあります。図 1-43 左の出方は、右腕でパートナーを押すようにして出ていく「押す動作」です。ところが、図 1-43 右の動きは、パートナーを右腕で引っ張りながら出ていく「引く動作」です。どちらが速いか試してみましょう。

股関節をストレッチしてみよう①

やってみよう —13—

　図 1-44 のように、膝をやや曲げて両脚を大きく開きます（膝を少し曲げたほうが股関節は外旋しやすくなります。膝を完全に伸ばしきると、股関節は内旋してしまう性質があります。ここでも膝は抜きます）。そして、膝の外側と足の外くるぶしを床につけるようにします。このとき、外旋筋力を発揮して、内旋筋群と内転筋群（太ももの内側の筋群）を引き伸ばします。

図 1-44　膝はやや曲げるようにして、外旋筋力によって、内旋筋群と内転筋群を引き伸ばす

股関節の開脚ストレッチも外旋がキーポイントとなります。この方法はクラシックバレエから学びました。クラシックバレエでは、股関節の外旋姿勢をターンアウト姿勢といって、股関節の使い方を熟知した世界です。

　わが国のスポーツ選手には、股関節がいつも内旋（内転）ぎみに固まっていて、外旋ポジションをとりづらい人が多いようです。とくに女子選手は、そのような股関節の人が圧倒的に多いようです。こういう人は、内旋筋群と内転筋群が硬くなってしなやかに伸びなくなっています。股関節の外旋筋群が未発達で、外旋筋力も不足しています。

　そこで、膝の外側と足の外くるぶしを床につける外旋動作を何回も何回も反復することで、内旋筋群と内転筋群を十分にストレッチします。テレビを見ながら、毎晩30分間くらい行ってみてください。外旋筋群と外転筋群の筋力を高めることもポイントになります。

　お尻の下に、クッションのようなものをおいて、お尻の位置をやや高くして行うといいでしょう。股関節の外旋ができるようになってくると、開脚の角度もしだいに広がってきて、上体が柔軟に前に倒れるようになります。

　後述する二軸動作、常歩の走り方を行うには、このストレッチでどれくらい股関節が外転・外旋できるかが非常に重要になってきます。着地足が内旋して、拇指球で地面を蹴ってしまう走り方からなかなか抜けられない人は、このようなストレッチ運動を積んで、常歩の走法に向いた股関節の機能を向上させる必要があります。

やってみよう―14―

股関節をストレッチしてみよう②
―「引く」と「押す」―

こんどは、「引く動作」と「押す動作」を頭に浮かべながら、両脚を大きく開いた姿勢から上体を前に倒してみましょう。

　股関節の外旋・外転がやわらかくなると、股関節がゆるんで、しだいに上体が前に楽に倒れるようになります。上体を前に倒すときに、多くの人は、図1-45左のように、何かにつかまって引くことによって、上体を前に倒そうと

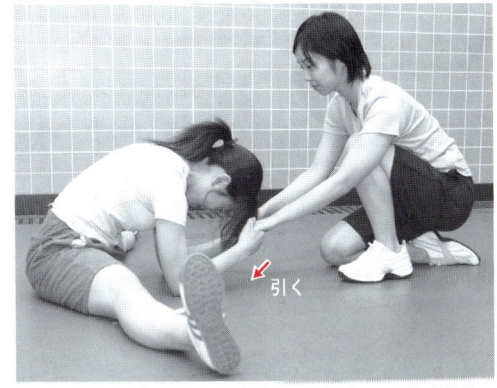

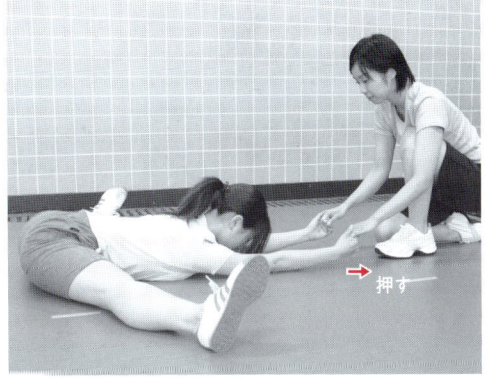

図1-45　何かにつかまって引く動作で倒そうとする（左）のではなく、腹圧をかけて下腹を床に押しつけるようにする（右）と、股関節がゆるんで上体を倒すことができる

すると思います。これは「引く動作」です。「引く動作」では股関節がゆるみません。引くのではなく、押すのです。

図1-45右のように、下腹を膨らませるようにして腹圧をかけ（外から下腹をたたかれてもびくともしないくらいの腹圧）、床に下腹を押しつけるようにします（腹から押す、腹で押すという感覚です）。これは「押す動作」です。下腹を引っ込めるようにして、引く動作で前に倒れようとしても、股関節がゆるまないので、うまくいきません。下腹を押し出すような動作で上体倒しを行うと、股関節がゆるんで、股関節から上体が折れ曲がりやすくなります。

やってみよう —15—
股関節をストレッチしてみよう③
—中心軸と左右軸を感じ取ろう—

① すわった姿勢で、胸の前で両手を合わせて合掌します。つまり、体幹の中心軸で手を合わせるということです。そして次に、合掌した両手が左のお尻の前にくるように、体幹ごと左に平行移動するように寄せます（手だけ左に寄せるのではありません）。

② こんどは、右に軸を寄せます（中心軸を右軸に寄せます）。この動きの反復から、中心軸と左右の二軸を感じ取ってみてください。これを交互に正しくゆっくり繰り返します。

図1-46 胸の前で両手を合わせ、手が左のお尻の前にくるように体幹ごと左に平行移動をし、次に、右方向へと、同じ動作を繰り返す（この写真では、左股関節が外旋し、右股関節は内旋している）

体幹の中心を感じ取るには、手を合わせるのがいちばんです。①で体幹を左に寄せるとき、中心軸が左に傾いて、左肩が下がらないようにします。肩が水平のまま、合掌した手が左軸まで寄るように体幹を左に平行移動させます（手だけを移動するのではなく、体幹を平行移動させます）。こうすると軸が左に寄って、左の股関節に体重が乗ります（図1-46）。軸（体幹の中心軸）を左に寄せたときに、上体の重みが乗った股関節に感じる軸を左軸ということにします。これは感覚的な軸です。

左右いずれかの股関節に体重を乗せたときに、乗せた側の股関節が自然に外旋します。そして、反対側の股関節は自然に内旋します。やや足を閉じて、お

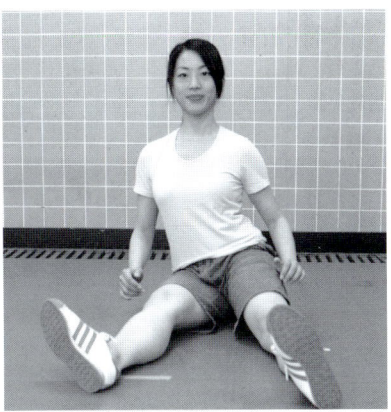

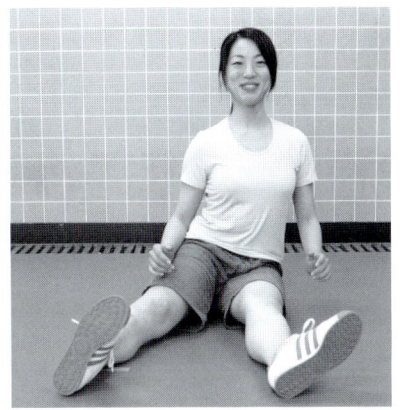

図 1-47　お尻歩き——体重を乗せた側の股関節は外旋し、反対側が内旋することでスムーズな移動が可能になる

尻歩きをしてみてください。上体を平行移動しながら、体重をかけた側の股関節が外旋し、反対側が内旋する動きによって、スムーズにお尻歩きができることがわかると思います（図 1-47）。

体重をかけた側の股関節の外旋と、反対側の股関節の内旋が対(つい)になった動きであることを覚えておいてください。軸を寄せる動き、寄せた側の股関節の外旋と反対側の股関節の内旋——このことは、第 4 章で述べる常歩(なみあし)走法やその他の二軸動作における左右股関節の動きにつながってくる重要ポイントです。

［3］ 自転車も押す動作

自転車のペダリング

股関節と肩甲帯の動きの重要性をわかっていただくために、ここでは自転車のペダリング動作を取り上げます。それは、自転車のペダリングの秘訣(ひけつ)も押す動作にあるからです。

押す動作を説明する前に、自転車動作における骨盤の動きを簡単に説明します。自転車のペダリングで、片足を踏んで反対足があがったときに、あがった側の骨盤が高くなっていると考える人が多いと思います。つまり、踏み込んで下にいった足側の骨盤が下がって、あがってきた足側の骨盤が高くなっているだろうということです。

足が上にあがってきて、これから下に向かい始めるときに、その足側の骨盤が上にあがった状態になっているとどうなるでしょう。この状態でペダルを踏もうとしたら、腕で引きつけるようにしないと、踏む脚の筋肉に力が入りません。自転車は脚で踏むのではなく、「腕で引きつけろ」とよくいわれます。

その動きは、引く動きの自転車こぎということになります。これでは、スムーズなペダリングにはなりません。力んでいるので、いかにも速く回しているように思えるかもしれませんが、それよりもっと速く回せる自転車のペダリングがあるのです。これが押す動作のペダリングです。

自転車は押して乗る

足がいちばん上まであがってきたときには、もうすでに、あがった足側の骨盤は下に向かって落下するように下がりはじめていると、力まずに、体の重みをペダルに集めることができます。優秀な自転車選手は、サドルの上にどっかりとはすわりません。お尻がサドルの上で小さく左右に揺らぎます。体重を落とすようにして、体まるごとの重みが落下する力をペダルに集めるようにします。

このとき、下腹に腹圧をかけて（下腹をふくらませるようにして）、その下腹から押すようにします。足でペダルを押したときに、体幹が上に浮いてはいけません。こうなると、手で体幹が浮かないように引きつける動きになってしまいます。これでは、引く動作となってしまいます。

手はハンドルを上から下方向に押す感覚になります。ドロップハンドルの上側に手を置いてこぐ場合は、多くの選手は押す動作でペダリングをしています。しかし、ドロップハンドルの下側を握ってしまうと、引く動作になってしまうようです。ぎゅっと握らないことです。下腹で押して、足で踏んだときに、踏んだ側の肘の力が抜け、肘がやや折れ曲がります。

プロ競輪選手の山内卓也選手のペダリング動作をご覧ください（図1-48）。ハンドルを押す動作でペダリングをする山内選手の上にきた足はもうすでに踏み込み動作に入っています。ハンドルを引く選手なら、左足でまだ踏んでいるはずですが、山内選手は、もうこのときに、軸を右に寄せて、右足で踏む動作に入っています。右手でハンドルをぎゅっと握っていないことにも注目してください。

図1-48　山内卓也選手のペダリング
（小山田良治氏提供）

〈中野浩一選手〉

世界スプリント10連覇を果たした中野浩一選手が、テレビで自転車のペダリングについて次のように語っていました。

「自転車は、踏むでも、引きあげるでもなく、切り返しが大事なんだよ。僕はパワーはさほどでもなかったけど、切り返しでは誰にも負けなかったんだよ」。穏やかにやさしく語っていたのが、忘れられません。

押す動きを行ってみると、股関節、骨盤まわりのやわらかい動きと、肩周辺の肩甲帯のしなやかな動きは、互いにつながっていることが実感できます。ハンドルを腕力で引きつけて自転車をこぐ選手は、肩甲帯周辺の筋肉が緊張してしまい、肩甲帯が固まってしまいます。肩周辺が固まってしまうと、股関節周辺、骨盤周辺の動きにも力みが入ってしまいます。

■立位体前屈

　立位体前屈のとき、多くの人は腰を曲げようとします。つまり腰椎を曲げると思っているようですが、それは違います。折りたたみ椅子や携帯電話の折れ曲がる部分が、人間のからだでいえば股関節です。腰（腰椎）から曲げようとしていた人が、股関節から折りたたむことを知ると、立位体前屈の値が5〜10cmすぐに伸びることがあります。

やってみよう —16—

立位体前屈で「押す」感覚を実感してみよう

　マンガ雑誌など分厚い本を積んで、肘をやや曲げた状態で手の小指側（アウトエッジ）で本を押します（図1-49）。手先で押すと、上体が押し返されて上に浮いてしまいますが、下腹に腹圧をかけて、体幹の重みで本を下へと押します。この押し動作を、「イチ、ニ、イチ、ニ」と反復します。膝もほんのわずかにゆるめて抜きます。しばらくしたら、マンガ雑誌を除いてやってみてください。前の状態に比べて、はるかにからだはやわらかくなっているはずです。

図1-49　股関節を外旋させて、足裏のアウトエッジを意識して立ち、手も肘をやや曲げて小指側で本を押す

　脚は足先と膝をやや外に向けて立ちます。つまり、股関節を少し外旋させます。足裏のアウトエッジ、つまり小指側の外縁に感覚をおいて押します。こうすると、足も手もアウトエッジ感覚になります。

　股関節を外旋させると、下腹のなかに広い空間ができたような感じになって、そのなかにボールがすっぽり入って、股関節がゆるむような感覚が感じられると思います。ちなみに、膝を内側にしぼって（股関節を内旋させて）、足裏の親指の拇指球のインエッジに体重をかけて押す動作をしてみてください。こうすると股関節がしまって下腹部にボールが入る空間がなくなってしまい、下腹で押すということができなくなることがわかると思います。

[4] トップアスリートとあなたの立ち方の違いとは

　世界のトップアスリートは、足先と膝頭がやや外を向いて立っていることが多いようです。それは、外旋立ちのほうが、内旋立ちに比べて、腰が回りやすいことを彼らは体感し、それがスポーツ場面以外の日常行動にも現れるからかもしれません。

　股関節は、本来少し外旋しているくらいがニュートラルと考えてください。立位姿勢で、膝頭がまっすぐ前を向いた位置を0度とすると、解剖の本によれば、通常の人は、最大外旋角度が60度くらい、最大内旋角度が30度くらいになります。したがって、その中間角度は、10～15度外を向いた角度で、これがニュートラルな股関節の位置になります。とくに外旋筋群を緊張させなくても、自然にわずかに股関節が外旋した状態になるようになった人は、この状態がまっすぐ（0度）という感覚になります。

　ところが、わが国のスポーツ選手は、股関節が内旋位で硬くなって固まってしまっている場合が多いように見受けられます。そういう人は、内転筋と内旋筋群の硬化が見られます。そのような選手は、親指の付け根（拇指球）で強く蹴って移動する動き方を基本としているので、たえず、膝を内側にしめて、股関節を内旋させたままにしておく人が多いようです（53ページ、図1-60参照）。女子選手はとくに、このタイプが多いようです。このような選手には、図1-44、45に示したように、固まった内転・内旋筋群をしなやかに引き伸ばす股関節のストレッチをおすすめします。

　股関節の外旋の重要性を知っているのは、たとえば相撲の世界です。「股割り」と称して、股関節を外転・外旋させる柔軟運動は、力士になるための基本中の基本です（図1-50）。力士が、膝と足先を内側にしめて立っているようでは、様になりません。膝をやや抜いて、どっしりと外旋立ちをするのが、基本の立ち方です。

図1-50　股割りは力士の基本
（PHOTO KISHIMOTO 提供）

アウトエッジ感覚

　ここで改めてアウトエッジ感覚について説明します。バスや電車に乗ったときに、股関節を外旋させて、膝をやや抜いて、外旋立ちで立つと揺れてもバランスよく立っていることができます。拇指球に体重をかけてしまうのがくせになっている人は、足裏の外縁（アウトエッジ）にも体重を乗せて、足裏のアウトエッジで体重をとらえる感覚をやし

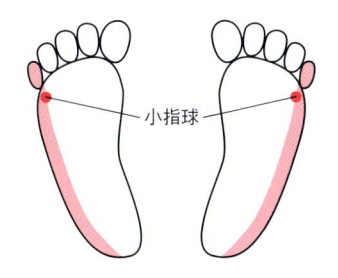

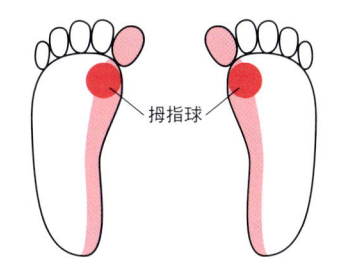

図 1-51　アウトエッジ（左）とインエッジ（右）

なってみてください（アウトエッジ感覚、図 1-51 左）。

外旋立ちで、アウトエッジ感覚が研ぎ澄まされてくると、左右への揺れに対しても、拇指球だけでなく、小指球（小指の付け根のふくらみ）も使えますから、安定してきます。前後の揺れに対しても、足指部と踵部（かかとの側）の両方を使えますから安定します。

では、膝と足先をやや内側に向けて、拇指球に体重を乗せて立ってみてください（図 1-51 右）。力が入るように感じますが、意外と安定しないことがわかるでしょう。外旋立ちとアウトエッジ感覚を身につけるために、バスや電車で通学している人は、ぜひためしてみてください。

バランスボードも、股関節外旋とアウトエッジ感覚を使うとうまく立てます（図 1-52 上）。バランスボードに、股関節内旋とインエッジ感覚で乗ると、安定して立つことはできません（図 1-52 下）。

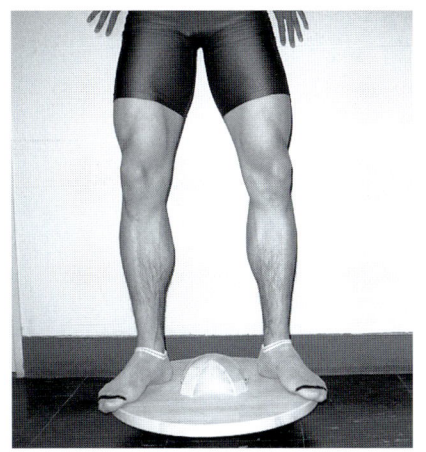

図 1-52　バランスボード――股関節の外旋と足裏のアウトエッジ感覚で立つとバランスがとりやすい（上）。内旋とインエッジ感覚ではバランスがとりにくい（下）

股関節外旋で前に出る

股関節を外旋させて、外旋筋力を発揮させると、からだを前に進める力が出ることを感じてみましょう。肩幅くらいに両足をやや開いて立ちます。膝を少し抜いて、股関節を 30 度くらい外旋させます。その状態で、お尻に定規か何かをはさむような感じで、お尻の筋肉でぎゅっとしめます。このとき、足裏のアウトエッジ感覚も重要です。

外旋立ちの人を押してみよう

やってみよう―17―

二人で向かい合い、外旋立ちをしている相手の胸元（胸鎖関節あたり）を片手で押します（図1-53左）。相当な力で押しても、外旋立ちしている相手は後ろに倒れません。

次に、胸元を片手で押す力と、股関節外旋で前に出ていく力がつりあっている状態で、股関節外旋をしている人は足先と膝頭の向きをやや内側に向けます（股関節を内旋状態にします）。その瞬間（外旋筋力の発揮を止めたとたん）、後方にあっさり倒れてしまうことがわかります（図1-53右）。股関節の外旋と足裏のアウトエッジ感覚から、からだを前に押す力が出てきます。

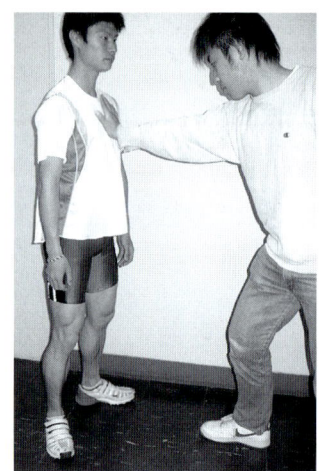

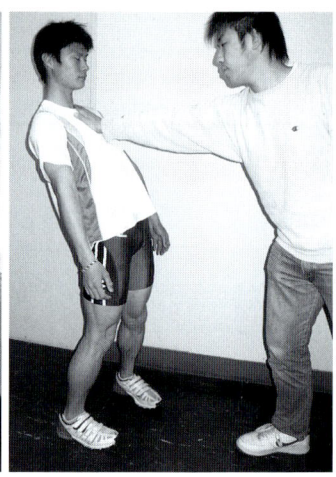

図1-53　外旋立ちしている人は押してもなかなか倒れない（左）が、股関節を内旋させるとかんたんに倒れてしまう（右）

ラグビーのスクラム姿勢も、日本人選手の多くは、膝を中に入れた姿勢で、膝の伸展力を使って押します（図1-54左）。しかし、これでは太ももの前面の大腿四頭筋がすぐに疲労して、試合中走れなくなってしまいます。外国の選手を見ていると、つま先と膝を外に向けて、つまり股関節を外旋させながら、押していきます（図1-54右）。膝で押さずに、股関節で押します。これなら、

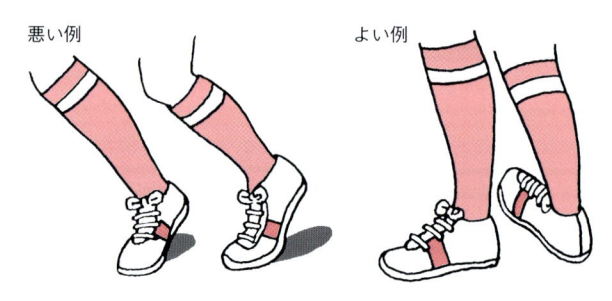

図1-54　スクラムでの股関節の外旋（右）

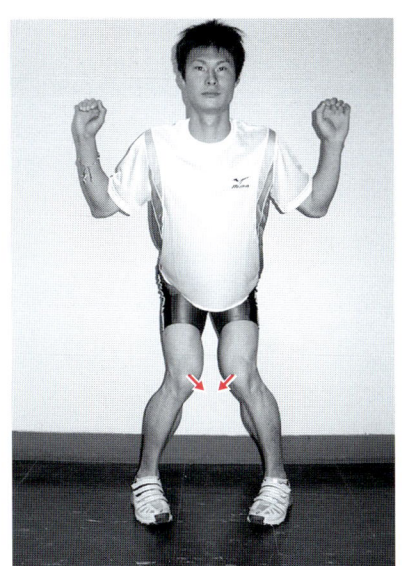

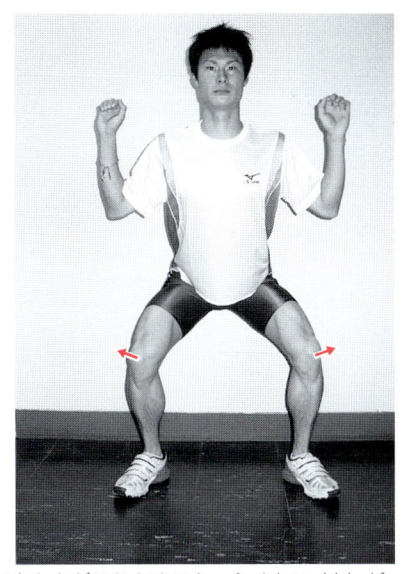

図 1-55　スクワットでも、膝を中に入れて立ちあがろうとするとつらくなる（左）が、立ちあがる瞬間に膝を外に開くと楽に立つことができる

　楽にスクラムを組めますし、その分のあまったエネルギーを他の局面で活かすことができます。
　スクワットを行うときも、膝を中に入れて、膝を伸ばして立とうとすると、つらくなります（図 1-55 左）。しかし、立ち上がる瞬間に膝を外に開いて、股関節に外転・外旋の力を発揮させると、膝を伸ばそうとしなくても、かってに膝が伸び、楽にすっと立てます（図 1-56 右）。
　しゃがんだときに、足先の向きと膝頭の向きがそろっていることは、ケガの防止のためにも大事です。肩幅よりやや広いスタンスをとって、足先と膝頭をまっすぐ前に向けて立ってみてください。その状態からしゃがむと、膝が中に入った状態になっていることがわかります。このとき、股関節に外旋力をかけると、膝が足の真上にきて、下腿が垂直に立った状態になります。これが、足先と膝頭がまっすぐ前を向いた状態の外旋立ちです。
　立ったときに、足先と膝頭がやや外旋した状態にあると、しゃがんだとき、股関節に外旋力をかけやすくなります。左右の足幅を肩幅より広くとってしゃがむ場合は、足先と膝頭を大きく外旋させておかないと、膝が足の上にくるポジションをとることができません。股関節に外旋力をかけるには、足裏の微妙なアウトエッジ感覚を使うことがポイントです。股関節の外旋および外旋力に関しては、なかなかわかっていただけないところですが、いろいろためしながらからだで覚えていってください。

四股を踏もう

　相撲の四股の踏み方を覚えることも、スポーツ選手にとっては、非常に役に立ちます。まず、股関節を外旋させた四股立ち姿勢を覚えます。上体を起こすことが重要です（図 1-56 左）。四股

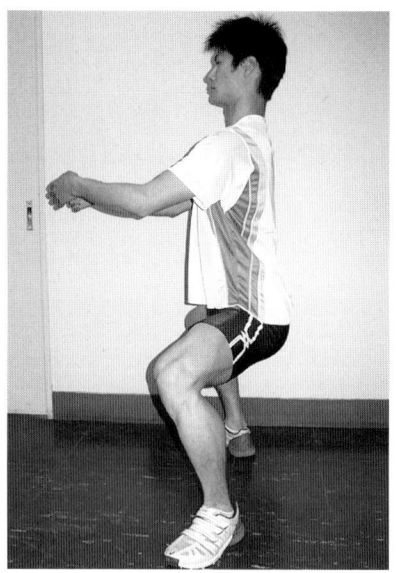

図1-56　上体の起きた正しい四股立ちの姿勢（左）。股関節の外転・外旋が不十分なため上体が前のめりになった状態（右）

立ちしたときに、膝から下の下腿部が、前から見て地面とほぼ垂直になるようにします。股関節が柔軟に外転・外旋しないと、上体が起きずに、前のめりになってしまいます（図1-56右）。

　稽古不足の力士は、上体が前のめりになって、すぐ前に落ちてしまいます。稽古が十分できている力士は、見合って蹲踞の姿勢をとったときに、腰が落ちて上体が起きています。野球選手がゴロを捕球するときの姿勢にも同じことがいえます。股関節が硬くて上体が前のめりになる選手は、お尻が高くなってトンネルをしやすくなります。

　次に、体重を左右いずれかの股関節に寄せていきます。軸を寄せたら、目が親指の足先に吸い込まれるように、足先に頭を近づけます。こうすると、楽に膝が伸び、反対側の脚が高くあがります。軸を左右に寄せずに、中心においたままで脚を上げ下げすると、こじんまりとした四股になってしまいます。

　相撲のからだ使いの基本、とくに股関節の使い方の基本が、四股のなかにあります。股関節の外転・外旋力、軸を寄せる動き作り、股関節の柔軟性、身体バランスの総合的訓練法、それが四股です。こうした総合的な

図1-57　四股は相撲のからだ使いの基本——横綱千代の富士の明治神宮での奉納の土俵入り（毎日新聞社提供）

力は、四股を通してはじめて身につくものです。部分的な筋力トレーニングでは、なかなか身につくものではありません。

最近の力士は、四股をあまり熱心に踏まないと親方衆がなげいています。図1-57のような、軸をきちっと寄せてから自然に伸びあがり、股関節から外旋した脚が高くあがる美しい四股を踏む力士が少なくなりました。四股、それは相撲界が編み出したトレーニングの傑作といえます。どのような種目のスポーツ選手であっても、股関節の使い方の基本を知るためにも、四股を練習に取り入れることを強くおすすめします。

［5］トップアスリートは股関節の外旋を使って走る

足首で蹴らない

みなさんのなかには、地面を蹴って走ると速く走れると思っている人が多いと思います。大半の人がそう思っているかもしれません。本当にそうでしょうか。スポーツ科学のデータを見て考えてみましょう。

1991年に東京で世界陸上が行われました。このとき、100mを9秒86で走り優勝したカール・ルイス選手の足首は、着地局面で足首が最大に曲がったときに、90度弱の角度でした。いちばん伸びたときは、離地時で110度くらいです。

カール・ルイス選手の場合、足首がいちばん伸びたときの角度から、いちばん曲がったときの角度を引き算すると、約20度という値が出ます。つまりカール・ルイス選手は、足首を使う角度範囲が、わずか20度なのです。分度器で20度という角度がどのくらいかを確かめてみてください。まさに、世界のトップトップスプリンターは足首で蹴っては走らないのです。

これに対して、日本人スプリンターの共通した欠点として、足首だけでなく、

*10 離地時
　着地した足が地面から離れるときを指す。

カール・ルイス　リロイ・バレル　井上 悟　口野文愛

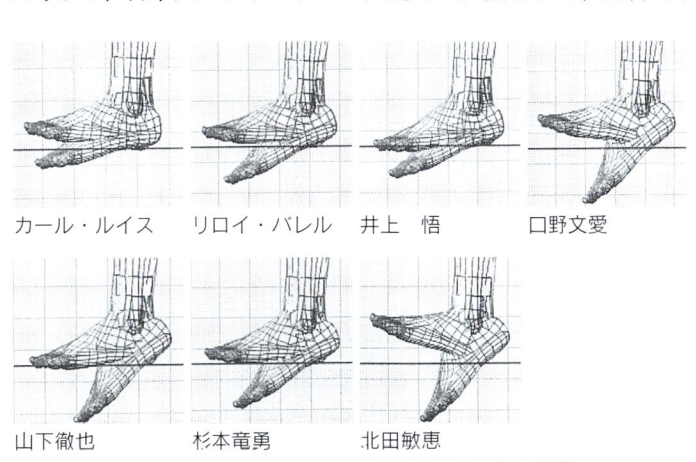

山下徹也　杉本竜勇　北田敏恵

図1-58 疾走中の足首の最大屈曲角度と最大伸展角度

(Japanese Journal of Sports Science, Vol. 1, No.4, 245-253, 1982)

図1-59　メンネア選手（上）と山崎選手（下）のランニングフォーム

膝関節も伸ばしきってしまうことがあげられます。世界のトップ選手の走りは、体重を乗せた支持脚の足首も膝も伸ばしきらないうちに地面から離れます。

拇指球神話

では、どうしたら、足首や膝で蹴らない走り方ができるのでしょうか。これまでわが国のスポーツ選手は、つま先と膝頭をまっすぐ前かやや内側に向けて、拇指球に意識をおいて、拇指球で地面を蹴って走っていました。「地面を蹴る動きを前提にしたスポーツ」でしたから、つま先や膝をまっすぐ前か、内側に向けるように指導されていました。それは、蹴る動き、蹴る走りを目指していたことを意味します。

この拇指球に体重を乗せる運動感覚を、股関節の外旋着地とアウトエッジ感覚に置き換えることがポイントです。ほんのわずかですが、つま先と膝頭が少し外に開いた姿勢（股関節外旋位）で着地します。股関節に外旋力がかかった状態で着地するのです。末續慎吾選手のみごとな外旋着地を見てください（57ページ、図1-65参照）。

つま先を外に向けても、膝を内側に入れてしまう膝下からの外旋（膝下外旋といいます）では、蹴る動きになってしまいます（図1-60）。女子選手にこのような人が多いようです。

さて、足先が外を向いていても、股関節外旋ができているか、膝から下だけの外旋になっているかを見分けるにはどうしたらいいでしょうか。それは、膝頭の向きを見ればわかります。膝下外旋の人は、股関節は内旋していますので、膝頭は内側を向いています。しかし、外旋着地ができている人は、膝頭が外を向いています。

図 1-60　女子選手に多い膝下外旋　　図 1-61　末續慎吾選手のランニングフォーム
(PHOTO KISHIMOTO 提供)

　つま先と膝頭が外に開いた外旋着地は、カール・ルイス選手や末續選手のような、蹴らない動きを導きます。走り方だけではなく、股関節が外旋位で着地したときに、蹴らない動きを助ける感覚として、踵の外側から小指側にかけてのアウトエッジに体重を乗せる感覚になります。拇指球で強く蹴ってしまう人は、靴底の拇指球のところに画鋲が貼ってあって、そこを踏んだら痛いというイメージを持つくらいでちょうどよいかもしれません。こうした感覚は、歩行やスローランニングでゆっくりじっくり、からだにしみ込ませることが必要です。実際にスピードをあげて走るときには、もろもろの意識を捨てて走ります。

　足先をまっすぐ前に向けて、拇指球に荷重して地面を蹴って走ることが重要であると思っていた人は、股関節外旋、アウトエッジ感覚と聞いて、びっくりされたと思います。足先、膝頭がまっすぐ前を向いて着地しても、股関節に外旋力がかかっていることがポイントです。さらに、留意してほしいことは、着地足も空中に浮いた遊脚[*11]も、両方とも外旋したままの状態で走るのではないということです。

*11　遊　脚
　ランニングのときに、地面についている足を支持足といい、空中に浮いている足を遊脚という。

外旋と内旋がペア

　空中に浮いた脚が前に出てくるとき、それまで外を向いて外旋していた膝が前を向き、股関節はやや内旋・内転位になります。ここから着地直前に、ふたたび外旋・外転していきます。つまり、外旋着地と内旋引きあげがペアになっています。

　43 ページに戻って図 1-47 を見てください。お尻歩きの外旋と内旋がペアになった運動感覚と同じことが走動作にもいえます。外旋着地がしっかりできるようになると、反対脚の内旋の動きは意識しないでも自然にできるようになります。末續慎吾選手の着地直前の遊脚（右脚）の膝がまっすぐ前を向いているフォームをご覧ください（図 1-61）。

やってみよう —18—

股関節の外旋着地を体感してみよう

　地面を蹴らない走りを身につけるいい方法があります。裸足(はだし)で地面の上や砂浜(砂場)を走ってみてください。拇指球に体重を乗せて蹴って走る人は、滑(すべ)ってうまく走れません。靴を脱いで靴下をはいたまま、タータントラックの上を走るのもよい練習になります。雨の日などに、滑る体育館や廊下の上を、靴を脱いで、靴下で走ってみてください。

　そのとき、拇指球に体重を乗せて床を蹴ることを意識して走ってみてください。足が滑ってしまい、うまく走れないと思います。股関節の外旋着地とアウトエッジ感覚で、着地足にその足側の腰を乗せていくような感じで走ってみてください。そうすれば滑らずに走れると思います。滑りやすい表面の上をいかに滑らないで走るか。この練習を繰り返しているうちに、蹴らない走りがどういう感じであるかがからだでわかってきます。

コーナー走で股関節外旋のイメージを

　股関節の外旋着地のイメージがわいてこない人は、コーナー走をやってみましょう。たとえば、野球のベースランニングがそれです。イチロー選手は、アメリカ大リーグにおいて、走塁技術でも超一流の評価を得ています。イチロー選手が長打を打って、二塁あるいは三塁をねらって一塁ベースを回る場合、どちらの足でベースを踏むと思いますか？　右足でしょうか。左足でしょうか。正解は、一塁ベースの左手前の角を「左足」で踏みます。皆さんの中には、右足と答えた人も多いのではないでしょうか。

　わが国では、ベースを回るとき、ベースを踏む足は右がいいという説と左がいいという説の両方があるようです。右足と答えた人は右足でベースを「蹴って」、右肩を内側に入れて回るという感覚ではないでしょうか。左足と答えた人は、からだを左に傾けて、左足で「踏んで」回る感覚だと思います。

　陸上競技でコーナーを走る場合の技術についてカール・ルイス選手はコーチングのビデオの中で、次のように語っています。「コーナー走でやってはいけないのは、外側の右足で蹴って、体幹をねじって右肩を内側に入れ込むような動きです。コーナー走といっても直線走と同じです。違うのはからだを左に傾けながら内側の左足で踏むようにすることです」。

　イチロー選手の一塁を回るときの走塁技術と基本的には同じ動作感覚です。

　左回りのコーナー走では、左にからだを傾けながら左足で踏むときに、左脚の股関節を外旋着地させると、その効果はてきめんです。そのとき左足の拇指球に体重を乗せると回りづらくなってしまうので、左足裏のアウトエッジ感覚を意識します。コーナー走を繰り返すと、自然に股関節外旋の動きとその感覚を覚えることができます。

直径5mくらいの円弧の上で、左回りと右回りの両方でコーナー走ドリルを行うのも有効な練習になります。左回りで左股関節の外旋を覚えます。右回りでは右股関節の外旋を覚えます。直線走はそれほど速くないのに、コーナー走だと速いという選手がときどきいます。こういう選手は、コーナー走では地面を蹴らない走法ができているのに、直線になると、地面を力んで蹴って走ってしまい、スピードが落ちてしまうのです。私の高校時代がそうでした。

［6］末續選手の走法の秘密は常歩(なみあし)にあった

体幹をねじらない歩き方とは ―データで見てみよう―

　最近、「なんば」がブームです。東京・国立市にある桐朋(とうほう)高校のバスケットボール部が「なんば」を取り入れて成果をあげ、スプリンターの末續慎吾選手が「なんば」を参考にして世界陸上の200mで3位に入賞して以来、「なんば」を考えたり、実践しようとしたりする人がふえています。

　同じ側の手と足が同時に出る歩き方であると定義するのがこれまでの「なんば」の解釈でした。しかし、古武術研究家の甲野善紀(こうのよしのり)氏は、「なんば」は同じ側の手足が同時に出るのではなく、体幹をねじらないような動きであると語っています。

　私たちは、体幹をねじる歩行、つまり通常歩行と体幹をねじらない歩行（私たちは、「なんば」といわずに「常歩」と呼んでいます）を行ったときの体幹のねじれ角度について分析を行いました。

　図1-62を見てください。常歩の動きをロボット歩行に応用する研究を始めた、奈良先端科学技術大学院大学ロボティクス講座との共同研究のデータです。共同研究実験は3名の常歩歩行の熟練者を対象に行いましたが、そのうちの一例を示した図です。

　通常歩行の肩と腰の回転角度および体幹ねじれ角度が、常歩歩行に比べて大きい値を示しました。両肩を結んだ線と両腰を結んだ線が真上から見て重なっていない状態を「体幹がねじれている」としました。したがって、体幹ねじれ角度とは、両肩の線と両腰の線が何度ずれているかを示します。肩と腰が同じ方向に同じだけ回転した場合は、体幹ねじれ角度はゼロになります。

　3名中2名は、常歩歩行において体幹ねじれ角度が小さくなりましたが、残りの1名に関しては、二つの歩行の間に体幹ねじれ角度に差は見られませんでした。本人に聞いてみると、「体幹をねじらないで歩く常歩歩行になじんでしまっているので、体幹をねじって歩く通常の歩き方ができなくなっている」ということでした。

　図1-63に示したのは、左足着地期における進行方向の左腰部加速度の一例

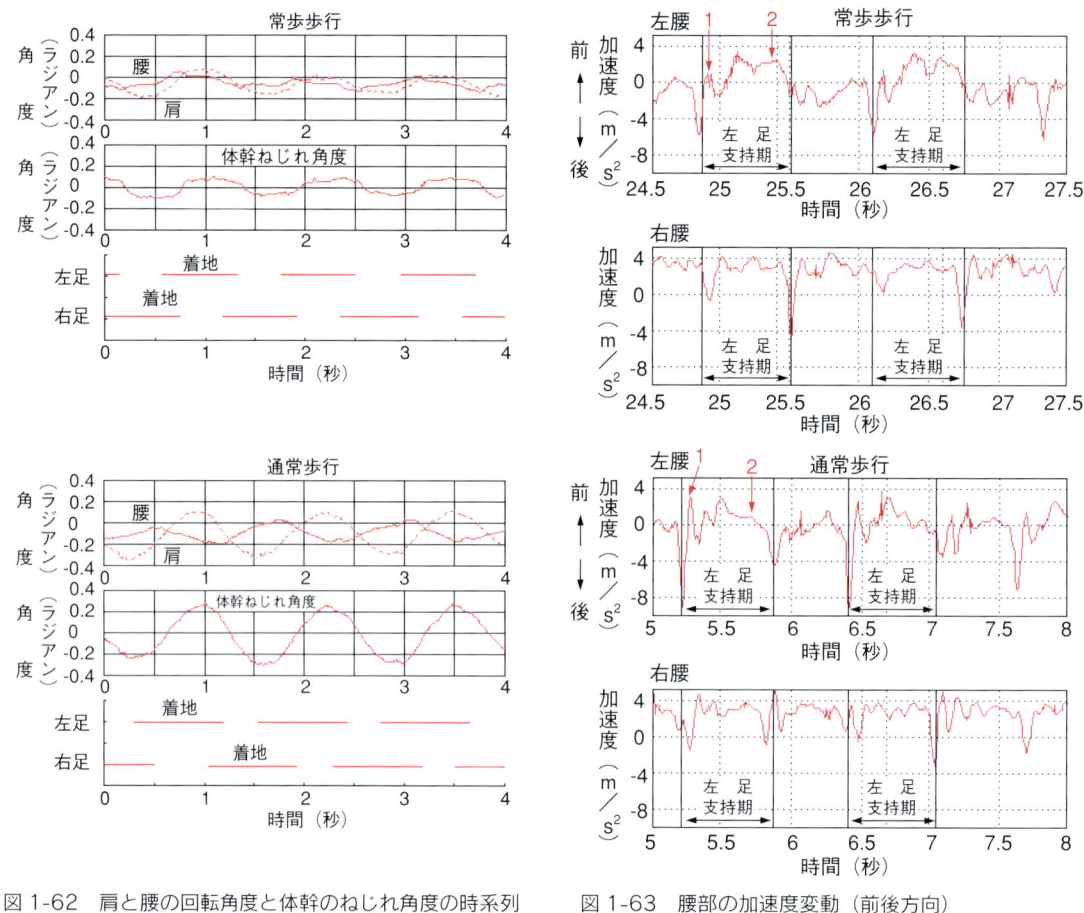

図 1-62 肩と腰の回転角度と体幹のねじれ角度の時系列変化

図 1-63 腰部の加速度変動（前後方向）

です。着地足側の腰の進行方向（前方向）への加速度がプラスの値をとるということは、その腰に対して前向きの力がかかっていることを示しています。

通常歩行（図の下）の場合、左足が着地した直後に見られる左腰の進行方向への加速度のピーク（矢印1）が見られたのは、右足の蹴り出しによる影響であると考えられます。しかしその後、着地期中盤から後半にかけて、左腰の進行方向への加速度が減少しました（矢印2）。

一方、常歩歩行（上の図）では、着地直後のピーク（矢印1）だけでなく、着地期の間、進行方向の加速度が着地期終盤にもピーク（矢印2）を示しました。つまり、着地期中盤から後半にかけて進行方向の加速度ピークが存在することが、通常歩行と異なる傾向として見られました。遊脚側の右腰の加速度に関しては、二つの歩行に共通して、進行方向に向かって前向きの値をとりました。

以上の実験結果から、次の2点が明らかになりました。

1) 通常歩行では、着地期中盤から後半にかけて着地足側の腰部にかかる前向きの力が減少するために、腰部の回転角度変動が大きくなり、それを打ち消すために肩の反対向きの回転角度が大きくなって、その結果、肩と腰のねじれ角度が大きくなる。

2) 常歩歩行では、着地期中盤から後半にかけても（離地直前まで）、着地足側の腰部に対して前向きの力がかかっているため、腰部の回転角度変動が比較的小さく抑えられ、その結果、肩を逆方向に回転させて体幹を大きくねじる必要がなくなる。

常歩は右足が前に出るとき左腰が前に出る

前記の結果より、常歩歩行の動作感覚的イメージは、右足を踏み出すとき、右腰が前に出て左腰が下がるような動き（図1-64左）ではなく、右腰が前に出ながらも、着地脚側の左腰も前に出るような動きであるといえます。実際、「体幹をねじる通常歩行ができない」と語った被験者（ひけんじゃ）は、右足が遊脚として前に出るときに、前に出ていく腰は右ではなく、支持足側の左でした。つまり、右足を前に出すときに、腰の回転方向を上から見ると、なんと時計回りだったのです（図1-64右）。

今回、常歩歩行として測定した腰の動きが、末續選手のなんば走りのなかでも同様に活かされているものと思われます。着地期において、地面についている脚が後方にスイングしていくときに、腰には前向きの力がかかっていることがキーポイントです（図1-65）。実は、着地期において、地面についている脚が後方にスイングしていくときに、腰に前向きの力がかかっているのは、世界のトップスプリンターに共通して見られる動きです。

世界のトップスプリンターに見られる動作のキーポイントは、右足が遊脚となって前に出るときに、支持脚側の左腰が前に出る（あるいは左腰に対して前向きの力がかかる）動きにあるといえます。これは、相撲の押し動作などに見られる、押す動作です。右足が空中で前に出るときには、右腰が前に出て左腰が後ろに下がるような動きではないのです。これは、支持足側の腰が引けた、引く動作です。

図1-64 中心軸走法（左）と二軸走法（常歩、右）

図1-65 末續選手のなんば走り——脚が着地してから後方にスイングしていくときに、腰には前向きの力がかかっている

(PHOTO KISHIMOTO 提供)

支持脚側の腰が前に出るのは、膝の抜き動作から

支持脚側の腰が前に出る、と聞いてみなさんはどのような動作をするでしょうか。支持脚側の腰に意識をおいて、ぐいっと力を入れて腰を前に出そうとする人が多いと思います。本書で、みなさんにおすすめする動作は、力を入れる動作ではなく、膝を抜く動作です。支持足側の腰が前に出る動きは、感覚的にいうと、実は力みから発生するものではなく、力を抜く動きから生じます。

「膝を抜く」動作を身につけよう

やってみよう —19—

膝の抜きの練習方法をお教えしましょう。コップに水を入れて（上端から2cmくらいの位置まで）、それをお盆の上に載せて、出前持ちのように片手で肩の高さに持って走る練習をします。着地の瞬間コップの水がこぼれないようにするには、どうしたらいいでしょうか。歩くくらいのゆっくりした速度でやってみてください。

着地の瞬間に膝を抜くとうまくいきます。これが、支持脚側の腰が前に出る動きにつながります。コップの水がこぼれるようでは、膝の抜きができていない証拠です。ためしに地面を蹴って走ってみてください。水はあっという間にコップから飛び出します。

歩く動作で考えましょう。前に出した足が踵から着地した瞬間、膝を突っ張ってしまうとどうなるでしょうか。このような歩き方では、ブレーキがかかって進めません（図1-66左の前足に着目）。この状況でからだを前に進めるには、後ろ足で蹴り出さないといけません。蹴り出しという動作がこれです（図1-66左の後ろ足に着目）。この蹴る動きは、同じ側の腰を後ろに引いてしまい（引く動作）、腰を回転させ、体幹をねじる動きをもたらします。

前に出した足が踵から着地した瞬間、膝を一瞬小さく曲げます。膝の力を抜く感覚です。そうすると、からだが重力で落下するようにして、からだは前足に乗り込むようにして、スーッと進みます（図1-66右の前足に着目。124ペ

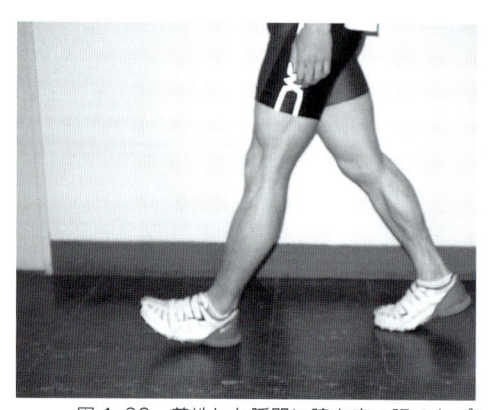

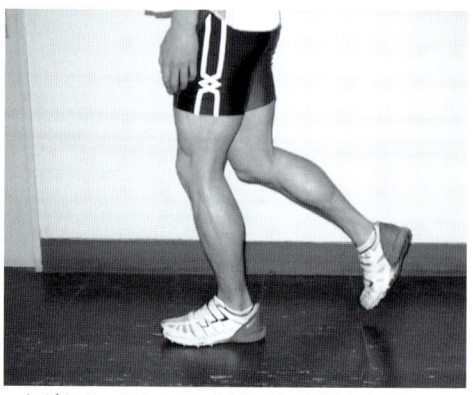

図1-66　着地した瞬間に膝を突っ張るとブレーキがかかってしまう（左）が、着地した瞬間に膝の力を抜けば、後ろ足で蹴らなくても前に進むことができる

ージ、図 4-13 も参照のこと）。

　膝を抜いて地球の重力に引っ張ってもらって進むので、後ろ足の筋力を使って蹴らなくても進みます（図 1-66 右の後ろ足に着目）。この膝の抜きを数歩繰り返していったら（膝を曲げ続けていったら）、完全にしゃがんでしまって歩けなくなる、と錯覚する人も多いと思いますが、安心してください。膝を抜いた直後には脚筋群は引き伸ばされながら筋力（エキセントリック収縮による筋力、第 2 章参照）を発揮して、それ以上膝が折れ曲がらないように膝をささえてくれます。外から見て、「かくん、かくん」と膝が折れ曲がるような動きではありません。膝の抜きは、ほとんど目で見てもわからない、感覚的な動きです。

　通常歩行では、着地脚の膝を伸ばしながら地面を蹴りますので、膝の位置は後ろに送られます。ところが常歩では、着地脚の膝は伸びていくのではなく、逆に、曲がりながら前に出ていく感覚の動きなのです。この膝の動きを「膝の抜き」といいます。データが示した、支持脚側の腰が前に出る動きは、このような膝の抜きによって生まれるものです。

●正しい姿勢と筋肉と対話●

甲南大学講師
100m日本記録保持者
伊東　浩司

　私は、選手として18年、指導者として4年、あわせると22年陸上競技に携わってきた。

　中学時代から、世代ごとに日本一になってきたが、それも体の成長を考え指導してくれた指導者のおかげである。恥ずかしい話であるが、自分自身で体のことを真剣に考え、陸上競技に取り組みだしたのは、25歳を過ぎてからのことである。それまでの私は、どちらかというと体のことを他人任せにしていたので、何かしらのシグナルを見落とすことが多く故障の数も非常に多かった。特に、大学時代は、怪我などで3年近く競技に打ち込むことが出来なかった。

　社会人になって、恩師の紹介で、鳥取にあるスポーツジムに通い出し、そこで出会った初動負荷理論という筋力トレーニングの手法で、はじめて生きる筋肉を体験することになった。誤った一つの動作を改善し、それまで硬化していた筋肉を柔らかくすることで、数分前の自分自身と明らかに異なる体を幾度となく体験することが出来た。そのようなことで、体に対して、特に筋肉には凄く気を使うようになった。

　実際のレース時は、体は正直である。手入れが不足したり、準備運動が不足したりすると、必ず悲鳴を上げて、怪我をしたり、レース中に思うように動いてくれない。現役時代、「レース前にメンタルリハーサルなどを行いますか」とよく聞かれた。その時の答えが、「どんなにイメージをしても、体が動かなければ意味がない。筋肉、体が最高の状態に仕上がれば、最高のパフォーマンスが出せると感じる」であった。実際、1998年のアジア大会で100mにおいて日本記録を樹立した時は、レース前、ストレッチングを行っている時は、心も筋肉もとけこむように柔らかくなり、レース直前は、心が高ぶると、筋肉、そして、指先までも震えた。そして、レースでは、筋肉が心の中に完全に入り込んでしまった感覚であった。

　陸上競技は、様々な人種の選手と勝負をしなければならない。特に短距離界においては、黒人選手の絶対的な優位さがある。それは、人類史上において100mを9秒台で走った選手が黒人選手しかいないところで理解出来るかと思う。それでも、勝負しなければならない。日本人の骨盤は、西洋人と異なり後傾している。その点をいかに補うかを考えながらトレーニングを行ってきた。その中での、大きなテーマは、正しい姿勢と正しい歩き方であった。この二つが出来ないと、当然ながら走るという動作に移行することが出来ない。正しい姿勢が出来るために、簡単にいうと猫背にならないようにするためには、肩甲骨、背筋群の柔軟性を獲得する必要があり、道具などを用いて、徹底的にストレッチングを行った。また、正しい歩行を行うためには、当然のことながら正しい姿勢が必要であり、普通に歩くだけでは意味がないので、速く進むということも考えていく必要があった。その中で、一番のヒントになったのは、競歩という種目であった。走る局面では、踵の部分の接地はほとんどないが、踵からしっかり着地し、拇子球に抜けるという見本のような種目であった。競歩の場合は、競技ルールも関係し一直線を歩行するが、日常においては、そこまでの強制的なルールがないので、必要以上に腰の回転を加えずに姿勢よく二直線を歩くことを意識した。

　ただ、専門的なマラソンシューズ以外は、踵部分に衝撃を吸収するための衝撃吸収材のようなものがほとんどの物に入っている。しかし、それでは、理想とする着地が出来ないので、始めは、裸足や足袋などを使って行い、理想の歩行が可能になった段階で、靴底がつま先から踵部分まで同じ厚さのシューズをオーダーメイドし、ランニングへと移行した。当然のことながら、競技の時だけが歩行の場面ではないので、実生活においても意識をする必要があり、その場合は、競技用と同じ形状のものを準備した。このような工夫が記録に結びついたと思う。

　陸上競技の"走る"と日常生活での"歩く"は、見た目は全く異なる動作であるが、その基礎となる根本の部分は同じだと思う。私自身は、すべての基本は、姿勢と歩くことだと考えている。そして、自分自身の能力のすべてを出し切るためには、特に1cmでも筋肉を使えるように、柔らかくする必要があると思う。筋肉が使えように、あと1cm股関節が使えるようになっていたら、私の100m走は45歩で走りきるので、単純に1cm×45歩で45cm、記録にすると約0.04秒、9秒97が出たかもしれない。もう少し、体と対話をしておけばよかったと後悔している。

（大修館書店『体育科教育』2005年2月号より転載）

第2章

誰もが知っておきたい「身体運動を引き起こす二つの力」のこと

1 筋力を決める要因とは？
2 からだを動かすのは筋力だけではない
　　―重力の重要性に気づこう―
3 スピードを養成するには
　　　―スピードのトレーニング法―

1 筋力を決める要因とは？

［1］太い筋肉は力が強い

男子が女子より筋力が強いのは？

*1 筋断面積
　筋肉を輪切りにしたときの太さを超音波で測定したもの。筋肉だけでなく皮膚と皮下脂肪と骨も写るが、筋肉だけの断面積を測定する。

*2 パワー系競技
　パワーとは、力とスピードをかけ合わせた概念。ゆっくりじわじわと力を出すのではなく、力をスピーディーに発揮する能力を問われる競技をパワー系競技という。砲丸投げ、ハンマー投げ、アメリカンフットボールのライン選手、ラグビーのフォワード選手などもパワー系に属する。

*3 最大筋力
　ここでは、静止した状態で最大努力して発揮される筋力（静的最大筋力）のことを指す。静止した状態というのは、関節の角度が固定された状態であり、筋肉の長さが変わらない状態で筋力を発揮していることになる。したがって、等尺性最大筋力ともいう（英語では等尺性をアイソメトリックという）。筋肉の長さ（尺、メトリック）が等しい（アイソ）状態での最大筋力という意味である。

　スポーツにとって、筋力は大切な要素です。ただし、筋力が大事だと思うあまり、力任せに力んでしまうのは、よくありません。このあたりのことは、第1章を読み進むうちに感じていただけたと思います。

　スポーツでからだを動かすための力は自分の中にある力、つまり筋力しかないと思っている人が多いと思いますが、実は、自分の外にも力はあるのです。それは、地球が自分を引っ張ってくれる力、つまり重力です。重力の作用をじょうずに活かす筋力の出し方を覚えることが最終目標であることを承知したうえで、第2章では、筋力発揮のしくみを解き明かすスポーツ科学の知識を簡潔に紹介することにします。

　「大学生の男子と女子ではどちらが強い筋力を発揮できると思いますか」「相撲の力士と一般人では、筋力はどちらが強いと思いますか」と聞かれたら、まずほとんどの人は、女性よりも男性、一般の人より力士のほうが筋力は強いと答えるでしょう。これは正解ですが、それは筋力発揮の科学の要点として、太い筋肉と細い筋肉では、太い筋肉の方が筋力は強いという大前提があるからです。このことを押さえておきましょう。

　つまり、筋断面積[*1]が大きいほど、筋力が強いということです。大学生の男子と女子で、男子の方が筋力が強いのも、力士のようなパワー系競技[*2]の選手が一般人よりも筋力が強いのも、筋断面積が大きいからです。固有筋力（筋断面積あたりの最大筋力[*3]）の平均値は、男女、年齢にかかわらず、約 $6kg/cm^2$ になります（同じ筋断面積でも、発揮される力が違う場合がありますが、このことについては、後で述べます）。

脂肪で太い腕はみかけだおし

　みなさんは、皮膚の上から皮下脂肪（皮膚の下についている脂肪）を指でつまめますか。筋肉がどれで、脂肪がどれか、仕分けて感じることができますか。

　脚や腕やおなかの皮下脂肪をつまんでみてください。指でつまんだところに力を入れたりゆるめたりしたときに、ぐりぐり動くものが筋肉ですから、皮下脂肪と筋肉の違いは指で確かめることができます。

　筋肉の太さは、皮膚の上から見るとごまかされる場合があります。皮膚の上

から巻尺で上腕や太ももの周径囲（太さ）を測り、大きい値を示した人がかならず筋力が強いかというと、そうではないことがあります。とくに、体重が100kgをこえる力士や柔道選手の腕や脚の周径囲とその部分の筋力を測ると、周径囲で劣っている人の方が、筋力が強い場合があります。

それはなぜでしょうか。周径囲が大きいのに筋力が弱いのは、皮下脂肪が厚いことに原因がある場合があります。筋力を発揮するのは筋肉だからです。皮下脂肪は筋力を出しません。

エキセントリック収縮とコンセントリック収縮

筋肉が長くなりながら、つまり引き伸ばされながら力を出すとき、これを伸張性収縮（エキセントリック収縮）といいます。筋肉は、このときにいちばん大きな力を出します。

Quiz スクワットをしている場面を思い浮かべてください。このとき、脚の筋肉はどのように動いているか想像したことはありますか。
スクワットで立ちあがるとき、太ももの前の大腿四頭筋の長さは、長くなっているのでしょうか、それとも、短くなっているのでしょうか。また、しゃがむときはどうでしょうか。

図2-1 立ちあがるとき（上）としゃがむとき（下）では筋力発揮のようすは異なる
（モデル：プロ競輪の外山二十世代）

スクワットでしゃがむときには、大腿四頭筋は引き伸ばされており、その長さは長くなっています（伸張性収縮）。立ちあがるときには、大腿四頭筋はその長さを短くしながら力を出しています。筋肉の長さが短くなりながら力を発揮する筋収縮を、短縮性収縮（コンセントリック収縮）といいます。したがって、スクワットの最大筋力（1回しゃがんで立ちあがることができる重さ）が100kgだとすると、短縮性最大筋力が100kgだということです。

しゃがむときのことを考えてみると、同じ100kgのバーベルでも、立ちあがるときに比べて楽ですね。また、120kgのバーベルでも、しゃがむことならできます。つまり、伸張性収縮力は、短縮性収縮力より強いのです。上級者は、このような高負荷の伸張性収縮のトレーニングを行うことがあります。伸張性トレーニングは、重い負荷に筋・神経系を慣らす意味があり、筋肥大[*4]を引き起こしやすいともいわれています。ただし、このトレーニングは、トレーニングを十分積んだ人がやるべきもので、初心者がいきなりしてはいけません。

いちばん強い力が出る関節角度がある

図 2-2 をご覧ください。この図は、肘の屈曲力を肘の角度ごとに示した図です。伸張性収縮、等尺性収縮[*5]、短縮性収縮の順に筋力が大きいことに注目してください。そして、肘の角度が異なると、発揮筋力が異なることにも注目してください。肘の角度が90度より少し伸びた120度くらいのときに、肘屈曲力は最大になります。

トレーニングでも、肘が深く曲がった60度で等尺性筋力トレーニングを行うと、60度の筋力がいちばん伸びます。肘が比較的伸びた140度でトレーニングをすれば、140度の筋力がいちばん伸びます。これらの結果から、自分が行っているスポーツ動作のなかで、実際にどのくらいの関節角度で筋力発揮が行われるのかを考えて、その角度に合わせた筋力トレーニングをすることも、トレーニングのポイントの一つだということがわかります。

*4 筋肥大
　筋断面積が増加することを筋肥大という。逆に筋断面積が減少することを筋萎縮という。

*5 等尺性収縮
　筋肉の長さが変わらない状態で、筋肉が力（筋力）を発揮するときの筋収縮のことをいい（62ページ*3参照）、静的収縮ともいう。これに対して、筋肉の長さが変わりながら（関節が動きながら）力を発揮する筋収縮を動的収縮という。動的収縮は、筋肉の長さが長くなりながら力を発揮する伸張性収縮（エキセントリック収縮）と、筋肉の長さが短くなりながら力を発揮する短縮性収縮（コンセントリック収縮）の二つの局面に分けられる。

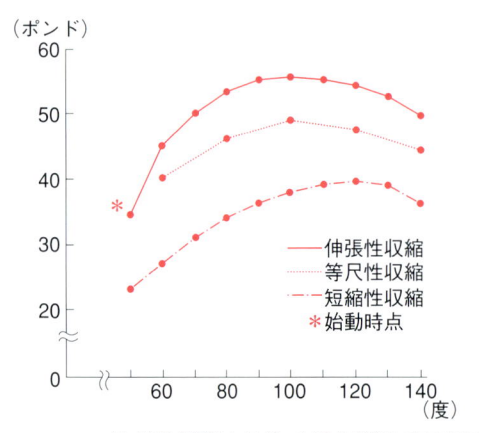

図 2-2　肘の角度から見た筋の収縮様式と筋力の関係
（北川薫『運動とスポーツの生理学』市村出版）

［2］同じ太さなのに、筋力に差があるのはなぜ？

参加する筋線維の数

最大筋力は、筋断面積が大きい（筋が太い）人ほど大きいということを、少し前に述べましたが、筋肉は同じ太さなのに最大筋力に違いがある場合もあることを、私たちは経験的に知っています。筋肉は太いほど力が強いということは、ある意味で、量的な見方といえ

ます。しかし、筋断面積が小さい人のほうが大きい人よりも最大筋力が大きいという場合には、この見方では説明できません。

　スポーツ科学では、筋は細いのに筋力が強い人は、筋は太いのに筋力が弱い人に比べて「固有筋力が大きい」といいます。では、固有筋力が個人ごとに違うのは、なぜなのでしょうか。質的な要因としてはいくつかのことが考えられますが、まずは、神経系の集中力がその要因としてあげられます。つまり、筋力発揮時に参加する筋線維の数が多いか少ないかが、筋力差を生む要因として考えられます。

　たとえば、みなさんの教室に、いま40人の生徒がいるとします。ここで担任の先生が号令をかけても、全員が筋力発揮に参加するわけではないのです。必ずさぼる人がいます。そして、さぼる人の数は、クラスによって違います。先生が「イケーッ」と号令をかけたとき、20人もさぼるクラスもあれば、10人しかさぼらないクラスもあります。さぼる筋線維が少ない人は、同じ太さでも、発揮される最大筋力は大きくなります。

＊6　運動ニューロン
　脊髄の中にある神経細胞（ニューロン）で、筋肉を収縮させる役割をもっている。

＊7　興奮
　神経細胞（ニューロン）は、活動電位と呼ばれる電気パルスを生成する。神経細胞が活動電位を生成・伝送する現象を神経興奮と呼ぶ。ふだんは細胞の中は電気的にマイナスで外がプラスだが、神経細胞が興奮すると、細胞の中がプラスで外がマイナスになり、その電気状態が次から次に軸索を伝わっていき、筋細胞を興奮させ、筋収縮を起こす。

考えてみよう―1―　脳からの筋力発揮の指令はどのように筋肉に伝わるのだろうか

　意識的に、右腕の筋力を発揮する場合、大脳の左半球の運動野細胞から筋力発揮の指令が脊髄の中にある運動ニューロン*6に送られます。運動ニューロンが興奮すると、その興奮が筋肉まで伝えられて、筋細胞が興奮し、筋収縮が起きます。図2-3に、脳から筋肉に指令が伝わるようすを示す矢印を記入してください。

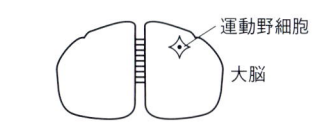

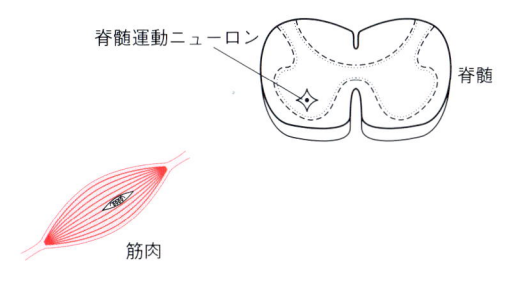

図2-3　指令が脳から筋肉へ伝わる経路は？

　正解は、66ページの図2-4のようになります。手や腕、つまり上肢の筋ならば、頸椎（背骨の首の部分）にある運動ニューロンが興奮します。下肢の筋ならば、背骨の腰の部分の腰椎にある運動ニューロンが興奮します。運動ニューロンの細胞体から伸びる長い線維（軸索といいます）が、筋肉の1個1個の細胞（それが筋線維です）を支配しており、筋線維に興奮が伝えられて、筋

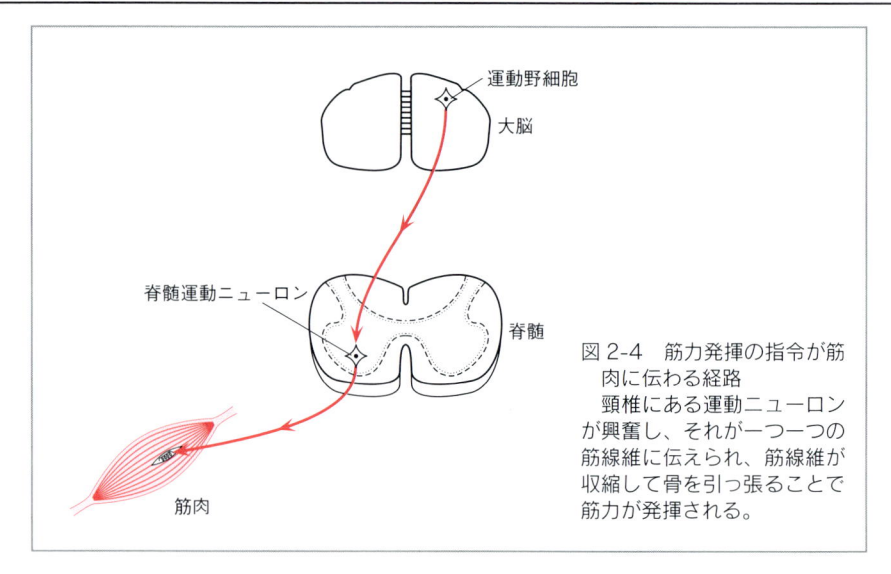

図2-4 筋力発揮の指令が筋肉に伝わる経路
　頚椎にある運動ニューロンが興奮し、それが一つ一つの筋線維に伝えられ、筋線維が収縮して骨を引っ張ることで筋力が発揮される。

線維が収縮して、骨を引っ張ります。このときの筋が骨を引っ張る力を筋力といっているわけです。

　大脳皮質の運動野細胞から脊髄の運動ニューロンまでが一段階、次に、運動ニューロンから筋線維までが次の段階の二重構造をとっています。学校にたとえると、大脳が校長先生、脊髄のなかにある運動ニューロンが担任の先生、そして一本一本の筋線維が生徒、という構造です。

　職員室で校長先生から担任の先生方が指示を受けるまでの過程が一段階、そしてクラスで担任の先生から一人一人の生徒に指示が伝わるのが次の段階です。人間の大脳から筋肉に指令が伝わる神経・筋系の構成は、学校における職員会議とホームルームの2段階の構成に似ています。

　1個の脊髄運動ニューロンは複数の筋線維を支配していますが、1個の運動ニューロンとそれが支配する複数の筋線維の単位を運動単位といいます。学校でいえば、1人の担任の先生と複数の生徒で構成される一つのクラスが運動単位と考えられます。したがって、同じ筋肉の太さでも最大筋力が強い人は、参加する運動単位の数が多いと言い換えることもできます。

　校長先生の指示を受けても生徒に伝えた先生（活動した担任）と伝えなかった先生（活動しなかった担任、もしかしたら校長先生の指示を聞いていなかった？）がいたのです。なんだか、人間のからだの中で起こっていることを、学校という一つの社会にたとえるとおかしくなりますね。人間には、社会のしくみを作るときに、無意識的に、自分のからだで起きていることをまねて作ってしまう性質があるのかもしれません。

　ふくらはぎや太ももの筋肉は大きな力を一気に出すことができるように、一つの運動ニューロンが支配する筋線維の数は、1500本から2000本に達するという報告があります。大人数クラスです。何十キログラムという大きな力を一気に出すのは得意ですが、数グラムといった微弱な力の調整は苦手です。

　ところが、微妙な表情をあらわす目のまわりなどにある顔の筋肉の場合、一つの運動ニューロンが支配する筋線維の数は、約10本、あるいはそれ以下と

いう報告があります。顔の筋肉は少人数クラスです。もし、顔の筋肉が大人数クラスだったらどうなるでしょう。泣くか笑うかの2種類しか表現できなくなってしまいます（「君の表情は、いつも泣くか笑うかのどっちかしかないのか。ふつうの顔はできないの？」なんていわれてしまいます）。泣くと笑うとの間にある何十通り、あるいはそれ以上の微妙な表情は、微調整のきく少人数クラスでないとできません。

筋線維のタイプ

質的な要因の2番目として、筋線維のタイプがあげられます。ヒトの筋肉は、大別すると、力は強いが持久力がない速筋線維と、力は弱いが持久力にすぐれた遅筋線維の二つのタイプに分けられます（筋肉のセンイは、繊維と書かずに線維と書くのが最近のスポーツ科学のならわしです）。

私も大学院時代、太ももの前側にある外側広筋の筋線維タイプの割合を、所属する研究室で調べてもらったことがあります。私の太ももの前側の筋肉は、速筋線維が65％、遅筋線維が35％でした。とくに専門的に何かのスポーツ競技を実施していない一般人では、太ももの前側の筋肉における筋線維タイプの平均値は、速筋線維と遅筋線維が半々（50％）です。したがって、私の外側広筋は、平均値よりかなり速筋線維が多いことになります。今から思えば、中学時代から、長距離走より短距離走が好きだったことや、持久系よりパワー系のスポーツを好むようになっていった一つの理由は、速筋線維の割合にあったのかもしれません。

筋線維の割合は、遺伝によって決まるといわれています。速筋線維が何％で遅筋線維が何％であるかという筋線維組成は、遺伝的要因で決まります。遺伝的要因が同じ一卵性双生児は、筋線維の割合が同じであることがわかっています。しかし、双生児でも遺伝的要因が異なる二卵性双生児では、姉（兄）の遅筋線維の割合が65％なのに、妹（弟）の遅筋線維の割合は35％などというように、2人の筋線維の割合が同じにはなりません。

ただし、筋線維組成が同一に生まれついているといっても、育った環境やトレーニングなどの後天的要因によっては、運動能力には大きな違いが見られます。一卵性双生児のおねえさんは、中学・高校時代、短距離の選手として練習を積むことによって、速筋線維が豊富な素質を活かす生活を送ったのに対して、妹さんは、運動よりも文化部の活動に多くの時間を費やしたとしましょう。

その場合、2人の太ももの筋肉を構成する速筋線維の割合が70％だったとしても、おねえさんは100mを12秒0で走ることができるが、妹さんは16秒もかかってしまうということがあります。筋線維組成だけで競技力をおしはかることはできません。筋線維組成は、競技力に関連する要因の一つではありますが、競技力には、他にもさまざまな要因の影響があることも押さえておきましょう。

［3］筋肉に影響を与えるその他の要因

テコの原理

みなさんも、テコの原理をご存知でしょう。テコを使えば、大きく重い石を持ちあげることができます。テコは、一般には小さな力を大きく作用させるものですが、逆にある力を加えたときに、その力よりも小さい力になって作用するテコもあります。

考えてみよう —2—

小さな力を作り出すピンセット

図2-5のピンセットを見てください。このピンセットのA点を100gの力で握ったとすると、昆虫をつかむB点には、何グラムの力がかかるでしょうか。

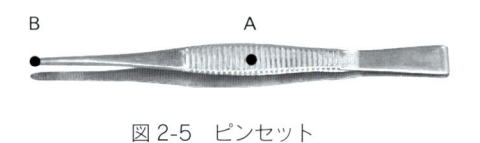

図2-5　ピンセット

　テコの原理を考えてみましょう。右端の支点から昆虫をはさんでつかむ作用点Bまでの距離は、支点から指でつまむ力点Aまでの距離の2倍あります。したがって、作用点Bで実際に発揮される力は指でつまんだ力の1/2になります。つまり、100gの1/2ですから、Bにかかる力は50gとなります。大きな力をかけるわけにいかないピンセットの場合は、これでいいわけです。やわらかいパンやケーキなどを、形を崩さずにつかむトングなども同じ原理です。

　同じようなことが筋力にもいえます。測定して得られた最大筋力が、そっくりそのまま筋肉が出した力かというとそうではありません。テコの原理が働きますので、筋自体は測定した筋力の何倍かの力を出しています（その比率をテコ比といいます）。測定した見かけの筋力に、テコ比をかけ合わせると、筋肉自体が出した真の筋力を求めることができます。

　われわれ人間の骨格筋が出した力も、ピンセットやトングと同じように、何分の一かに減じられて、外界に伝えられます。何倍かに増幅されて外界に伝えられるのではありません。われわれの筋肉には、こまやかな力発揮や滑らかな筋力発揮などにつごうがいいようにできている側面があることを知っておくことは、重要です。

　たとえば、太ももの前の大腿四頭筋の力を、膝伸展力として足首近辺で発揮する場合、およそ1/10に減じられて力が発揮されます（図2-6）。

　私は、大学の卒業研究のときに、ラグビー選手の筋力を測りました。そのとき自分自身の筋力も測りましたが、足首のところに力量計をつけて測った膝伸展力は120kgをこえていました。このとき、指導してくれた大学院生の先輩から、「おまえの太ももの前の膝伸展筋群（大腿四頭筋）は、1t以上の力を出

1 筋力を決める要因とは？　69

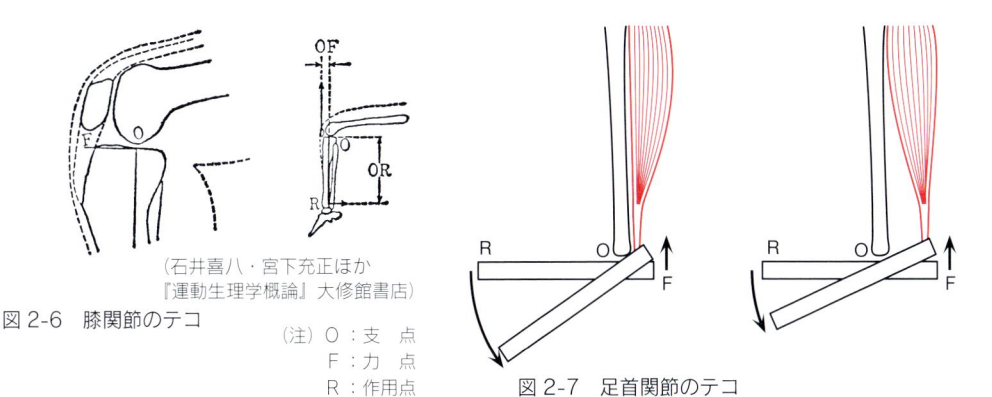

図 2-6　膝関節のテコ

（石井喜八・宮下充正ほか
『運動生理学概論』大修館書店）

（注）O：支　点
　　　F：力　点
　　　R：作用点

図 2-7　足首関節のテコ

しているのだぞ」といわれたときの驚きを今でも覚えています。"筋肉ってすごい"と思います。おくゆかしい筋肉に頭が下がります。

このようにして見ると、テコ比は、スポーツ選手にとって、そのパフォーマンスを発揮する上で、一つの重要な身体的要因です。足首関節の場合を例にとって説明しましょう。

テコの支点から力点までの距離が短い人は、下腿三頭筋*8が力点で発揮した力が作用点で発揮されるときに、減じられる割合が大きくなります。大きな力を発揮するという側面から見れば不利です。

力が減じられる割合が大きい関節には、別の意味で有利な点があります。たとえば、筋がある時間で1cm収縮して力点を1cm持ちあげたとすると、作用点が下方に移動する距離は長くなるという側面があります（図2-7左）。つまり、作用点の移動するスピードという側面では、有利になるのです。ウマでいえば、サラブレッドです。テコの支点から力点までの距離が長い人は、下腿三頭筋が力点で発揮した力が作用点で発揮されるときに、減じられる割合が少ないため、大きな力を発揮するという側面からみれば有利です（図2-7右）。ウマでいえば、農耕馬です。しかし、スピードという側面では不利になります。

＊8　下腿三頭筋
　ふくらはぎの筋肉は、膝に近い側が三つの頭に分かれているので、それを総称して下腿三頭筋という。腓腹筋が内側と外側に分かれており、膝をまたいでついている（腓腹筋は、足首を伸ばす作用だけでなく、膝を曲げる作用もあわせもつ）。もう一つは、ヒラメ筋で、膝をまたがないで下腿部の骨についている（ヒラメ筋は足首を伸ばす作用をする）。腓腹筋とヒラメ筋が合体してアキレス腱となっている。

羽状角（うじょうかく）

筋肉には、筋線維がまっすぐに走っているものと、斜めに走っているものがあります。前者を紡錘筋といい、後

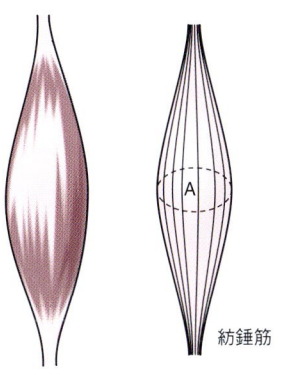

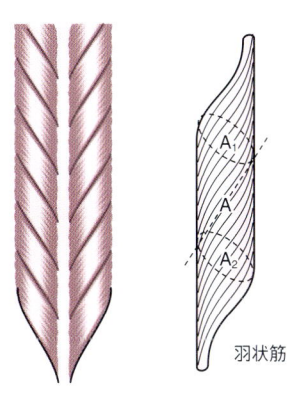

紡錘筋　　　　　　羽状筋

図 2-8　紡錘筋（左）と羽状筋（右）

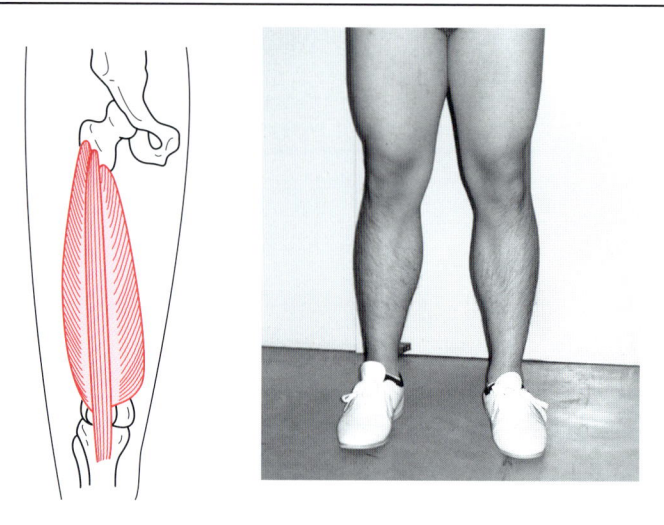

図 2-9　筋肥大と筋力の増大はかならずしも一致しない

者を羽状筋といいます。今、同じ筋量の紡錘筋と羽状筋があるとします（図 2-8）。筋力発揮に関係する筋断面積は、筋線維の走る方向に垂直に切って測る必要があります（「生理学的断面積」といいます）。

したがって、筋線維の走る方向が斜めの羽状筋の場合（斜めの角度を羽状角と呼びます）は、筋線維が走る方向に垂直に切った断面積は A_1+A_2 となり、紡錘筋の A に比べて大きくなります。つまり、同じ筋量の筋肉であれば、筋自体が出す力は、羽状筋のほうが大きくなります。

ところが、筋力トレーニングによって高度に筋肥大が進んだ鍛錬者になると、それ以上に筋肥大が進んでも、筋線維の走る方向（羽状角）がより大きくなってしまうために、筋肥大した割には筋力が増大しない場合のあることが、最近報告されています（図2-9）。

もう一度、図2-8を見てください。筋線維の走る方向（羽状角）が大きくなるほど、筋肉は骨に対してより斜めに引っ張ることになるので、筋肥大した割には、筋力が大きくならない場合があるのです。ちなみに、紡錘筋の特徴は、

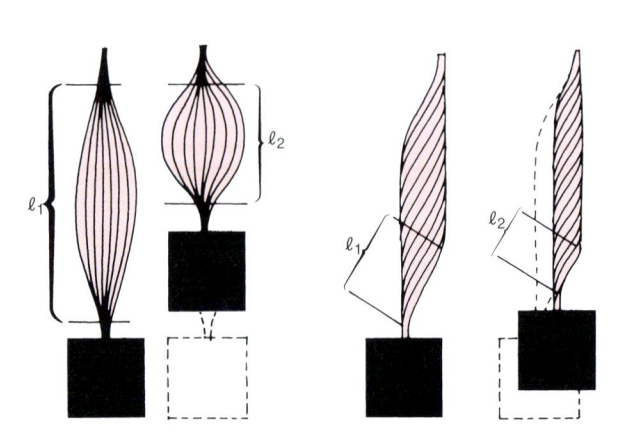

（R.ヴィルヘード『目でみる動きの解剖学』大修館書店）

図 2-10　紡錘筋（左）は羽状筋（右）に比べて収縮速度が速い

筋力ではなく、収縮速度です。かりにもとの長さ（ℓ_1）の50％になったとした場合（ℓ_2）、紡錘筋のほうが羽状筋よりも短くなるので、すばやい収縮に有利となります（図2-10）。

［4］筋力とスピードの違いを知ろう

力かスピードか

「あなたが取り組んでいるスポーツ競技において、必要なのは、力ですか、スピードですか」

もし、このように聞かれたら、みなさんは何と答えるでしょうか。力とスピード、この二つの要素は、いったん仕分けて考えないといけない重要な問題です。

重いものを持って、最大速度を出そうとして筋収縮させたときと、軽いものを持って、その状態のなかで最大速度を出そうとして筋収縮させた場合とでは、筋収縮速度はどちらが速いでしょうか。たとえば、スクワットで、1回しゃがんで立ちあがることができる最大重量が100kgの人が、20kgでスクワットをするときと、100kgでスクワットをするときでは、どちらが速く立ちあがることができるでしょうか。100kgのときは、いくら速くあげようとしても、あげる速さはゆっくりになってしまいます。しかし、その1/5の重さの20kgをかついで立つときには、すばやく立つことができます。

誰でも経験的に知っていることですが、筋肉の性質として、「力と速度の関係」は、次のようになります。速い速度を出しているときは、発揮する力は小さく、逆に、大きな力を発揮しているときは、速度は遅くなります。

「筋力をつけたら速く走れるのですか」「筋力をつけたら速いボールが投げられるのですか」——高校生からよくこのような質問を受けますが、筋力トレーニングを行ったことがない人が、最大筋力の50％以上の力で、身体各部の筋群をまんべんなく筋力トレーニングすれば、最初の1〜2年は、走る速度も、投げるボールの速度も向上すると思います（筋力トレーニングの初期効果）。

力発揮のトレーニングによっていちばん効果があがるのは、力発揮の能力ですが、スピードの能力も高めてくれるからです。高校時代に、ウエイトトレーニングを比較的重い負荷重量で行うこと（つまり力発揮の筋力トレーニングを熱心に行うこと）で、走るスピードがあがった、投げるボールが速くなった、バットのスイング速度が速くなった、パスの飛距離が伸びたということを経験した人も多くいると思います。ここで重要なのは、筋力さえつければ、プレーが伸びると勘違いしないことです。

競技レベルがあがるにつれて、大きな力をゆっくり出す力発揮の能力と、力は小さいが、速いスピードの筋出力を発揮する能力とは、仕分けて考えないと、それ以上の成果が得られなくなります。これは、競技者としてのレベルがあがるほど、いえることです。

筋力トレーニングの初期効果に味をしめた人のなかには、筋力トレーニング

万能主義者に陥る人もいます。陸上競技をやっていた高校時代の私がそうでした。筋力さえ鍛えれば速く走ることができると錯覚してしまうと、将来の伸びを止めてしまうことがあります。

スピードを競う競技の選手にとって、技術向上は容易なことではありません。技術が向上していないのに、効果があらわれやすい筋力アップだけで記録がポーンと伸びてしまうので、筋力トレーニングを魔法のようにとらえてしまうのでしょう。技術的な側面と、精神的な側面と、筋出力発揮能力の三つの側面が、どのように関係しながら競技力が向上するのか。三つの要素の関わり合いをしっかり感じながら一歩一歩進んでいきたいものです。

ラグビーやアメリカンフットボールのように、からだとからだがぶつかる競技では、体重があることも一つの重要な要素です。したがって、比較的高(重)負荷で行う筋力トレーニングを行うことで、筋肉を肥大させて、体重をふやす必要性が出てきます。筋肥大には、重たい負荷で行う筋力トレーニングが効果的です。

筋力トレーニングで身につけた筋力をどのように試合で使うのか――このことをいつも考えておかなければいけません。たとえば、相手に対するあたりのなかで発揮する力であれば、スピードの要素が求められます。そして、試合で求められる動作には、脚や腕の部分的な筋力発揮ではなく、からだ全体をどのように動かす(押す動作)か、といった高度な技術的要素が入ってきます。

＊9 負荷
バーベルやダンベル、あるいはおもりを持ちあげるマシン類を使った筋力トレーニングでは、おもりの重さのことを負荷という。最大筋力(1回あげられる最大の重さ)の50%以上の負荷が筋肥大には向いている。それ以下の軽い負荷は、筋収縮スピードのトレーニング、あるいは、スピードと力をかけ合わせたパワーのトレーニングに向いている。

2 からだを動かすのは筋力だけではない ―重力の重要性に気づこう―

[1] 自分のからだの外にある力を使おう

踵で踏む

図2-11を見てください。常歩の動きを取り入れた剣道の動きを追求している、久留米高専の木寺英史先生の打突の写真です。よく見ると、左足の踵を床につけたまま、前に出ています。これを見た多くの人は、これではすばやく前に出ることができない、と思うことでしょう。

現在の剣道界では、踵を浮かしてつま先に荷重して、拇指球で蹴る剣道が全盛です(図2-12)。そこには「踵をついて出たら遅い」という固定観念や常識があると思います。踵を踏んで出る剣道の打突では、踵をあげて拇指球で蹴って出る出方とまったく逆のからだの使い方になります。みなさんも、この身体運用法のすばらしさをからだで感じてみましょう。

図2-11 常足の動きを取り入れた打突　　図2-12 拇指球で蹴った打突

からだを前傾させて前に進もう

やってみよう―1―

　図2-13を見て、実際に実践してみましょう。両足を肩幅くらいに開いて立ってください。そこから踵を少し浮かせて、からだを前傾させていきます。拇指球でからだをささえて止まります。図2-13のいちばん左の状態です。前傾しているように感じられますが、からだの重心点は、からだをささえる支持点（拇指球）の真上にあります。

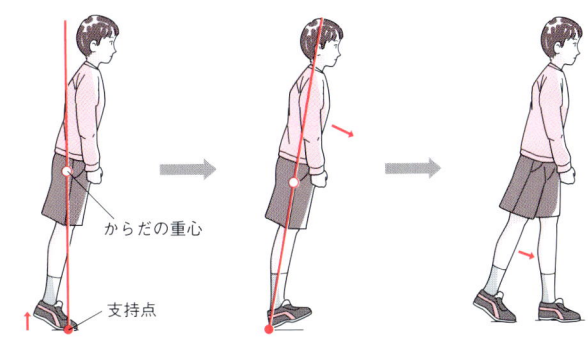

踵をあげてからだを前へ倒す
からだの重心と足のついている位置は一直線でつり合っている。

あげていた踵をつける（膝を抜く）
重心の位置をそのままにして、踵をつけるとからだは前に倒れる。つま先をあげるようにすると踵で踏むことができる。

足は自然に前へ出る
からだが倒れるのに合わせて足を前へ出すと、地面を蹴らずに歩ける。

図2-13 からだを前傾させて足を前に出す

図2-13のいちばん左の状態では、からだは前傾しているように見えますが、力学的にはまっすぐ立っているのです。これは、見かけの前傾です。踵を浮かせてからだの重心を前にもってくるときに、つま先に荷重して、からだの重心をささえる支持点までいっしょに前にもってきています。荷重点（支持点）と重心点の前後方向の位置が一致している状況です。多くの人は、この状態から、荷重している支持点（拇指球）で床や地面を蹴って、いったん曲げた膝と足首を一気に伸ばすときに発揮される筋力を使って出ていきます。

膝を抜くから踵で踏める

では、膝を抜いて、踵で踏む、踵で押すことによって前に出る動作について考えてみましょう。

踵で押してみよう

やってみよう —2—

踵を浮かした状態から、支持点（荷重点）を足裏の後方の踵まで下げるとどうなるでしょう。拇指球から踵までの距離は15～20cmあります。この分だけ、支持点を後ろに下げます（図2-13のまん中）。一瞬のことですが、踵に支持点をおいて踵で押します。こうすると、からだは急激に前に倒れていきます。この練習を何度も繰り返し、慣れるまで反復してください。

この練習では、踵で押すというイメージにとらわれて、踵で押したときに膝が突っ張って伸びきった状態で固まってしまってはいけません。コツは、膝の抜きを使って、からだを急激に落下させるようにすることです。

図2-13は膝が突っ張っているように見えますが、膝を抜くと前に出る速度が速くなります。慣れてきたら、膝の抜きと踵支持を同時に行います。膝の抜きには、踵で踏む、踵で押すということが含まれています。

木寺先生にお聞きすると、「踵で踏むという意識はなく、膝を抜くと自然に踵で踏んでいる」という答えが返ってきました。膝の抜きと踵で踏むことは、ワンセットになっているようです。踵で押すときに、図2-14のように、お尻を後ろに引いてしまう人も多いのですが、これでは、からだの重心も後方に引いてしまうことになり、前に出ることはできません。

この動きのポイントは、からだの重心点が支持点よりも前にあることで、からだは重力によって倒れることでスムーズに動き出します。これが真の前傾です。荷重点は踵にあって、重心位置はそれより前にある状況です。支持点の感覚と重心位置の感覚をいっしょにせずに、両者

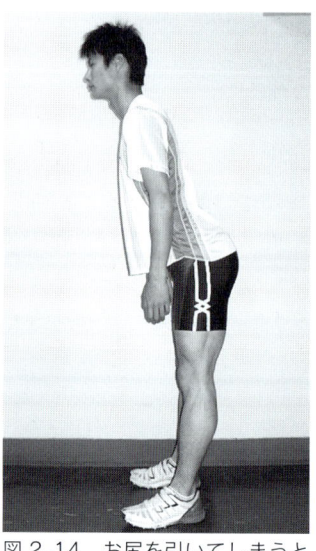

図2-14　お尻を引いてしまうと前に出ることはできない

2　からだを動かすのは筋力だけではない―重力の重要性に気づこう―

を仕分けることが重要です。この場合、からだを動かす力の源は、からだの外にあります。つまり地球がからだを引っ張ってくれる力、すなわち重力を使うのです。

前後に脚を構えた剣道の打突の話に戻りましょう。この構えから、前脚（右脚）のつっかえ棒をはずすようにして、重力によって倒れる力を使って出ていくのがコツです。このとき、荷重点が拇指球にあるのと、踵にあるのとでは、荷重点とからだの重心を結んだ線分の倒れやすさが違います。踵で踏むほうが倒れやすくなります。

つま先で蹴って出ていく動きでは、予備動作が必要となり、相手に動き出しを察知されてしまいます。膝を抜き踵で押す打突では、動き出すときに予備動作がなく、いきなり出ていくことができます。相手にとってみれば、対処が非常にむずかしくなります。宮本武蔵の『五輪書』*10 に「踵を踏む」ということが出ています。昔の剣豪は、踵で踏んで、重力に引っ張ってもらって出ていく身体運用法をからだで知っていたようです。「踵」という漢字は、足偏に重みと書きますが、まさに、踵という字が身体運用法をあらわしています。

*10　五輪書
　五輪書は、剣豪・宮本武蔵がその晩年に書き記したもので、みずからの剣術と兵法について解説したもの。地・水・火・風・空の五つの巻からなっている。

内力と外力

第1章でも述べたように、からだを動かす力は二つあります。一つは、地球が引っ張ってくれる重力で、これを外的な力（外力）といいます。もう一つは、自分の中にある筋肉の力（筋力）で、これを内的な力（内力）といいます。スポーツ科学もスポーツ現場も、これまで内力ばかりに注目するきらいがありました。むだな力を使うことをよしとしない武道、武術がスポーツに活かされる理由は、このあたりにあるのかもしれません。

ただし、外力（重力）が重要だからといって、内力（筋力）が重要ではないということではありません。外力を活かす内力（筋力）の使い方を考えていきたいものです。また、内力をむだ使いしないように外力をうまく活用したいものです。

「力を入れるのではなく、力を動かす」と語ったのは、スピードスケートの清水宏保選手*11 です。後天的価値観をそぎ落とすことで世界の頂点に達したと語っています。後天的価値観とは、意識的な力、つまり筋力で進んだほうが速いという思い込み（価値観）のことを指します。筋力で進むと、力感があって、速く進むように思えます。しかし、この力感がくせものです。この大きな地球が自分を引っ張ってくれる力を活かしたほうが速くて疲れないのです。スポーツマンなら誰もが知っておきたい力、それは重力です。

*11　清水宏保選手
　1974年北海道帯広市生まれ。1998年、長野オリンピックのスピードスケート500mで金メダル。世界選手権の同種目で、1998年～2001年4連覇。2001年大会で34秒32の世界新記録を樹立。2002年ソルトレーク・オリンピック500mでは銀メダルを獲得。

走運動は姿勢調節である

玄関マットの上に立ちます。誰かが立っている人の後ろに回って、そのマットをいきなり後方に引っ張ったら、立っている人は前に倒れそうになります。倒れそうになるのは、足首の角度が

75

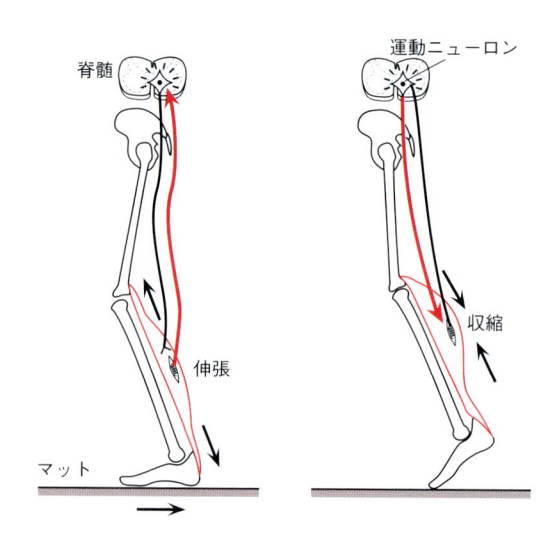

図2-15　マットを後方に引かれたときのふくらはぎの伸張反射

立っているときに比べて小さくなり（足首が曲がり）、重心が前に移動するからです（図2-15左）。

　足首の角度が小さくなるということは、ふくらはぎの筋肉が急激に引き伸ばされることを意味します。筋肉は急激に伸ばされると（長くなると）、無意識的に伸張反射という筋収縮を起こして、自動的に筋肉が収縮します。その結果、踵があがって足首の角度が伸びて（足首の伸展動作）、前に倒れかかったからだを後傾させて立ち直らせようとする姿勢調節が起きます（図2-15右）。

　姿勢調節の観点から見ると、足首を曲げることは前傾を意味します。反対に、踵をあげて足首を伸ばす、つまり足首で蹴るということは後傾を意味します。後傾では、重力を活用した走りはできません。

　世界のトップスプリンターたちが、比較的足首を曲げたまま走っているのは、姿勢調節の観点からいうと前傾なのです。足裏全体で着地して、足裏全体でぱっと離れるような感覚だろうと想像します。武道や相撲の、裸足で行うすり足のような感覚に近いものと思われます。末續慎吾選手も、相撲のすり足感覚を走りに取り入れたと語っています。

踵が高い靴

　踵が高い靴を好む選手が多いと思います。これは、地面を蹴って進む感覚をその選手がもっていることを意味します。踵で踏んで、膝を抜いて、重力を活かして走る選手は、踵が高い靴を好みません。現代の靴の踵は前足部と比べて10～20mmくらい高くなっています。

　このことは、実は、国民全体で考えたい大きな問題です。踵が高い靴を履くと前傾できて、走りやすいと国民全体で錯覚しています。踵が高い靴を履くと、つま先荷重になり、踵が高くなった後傾姿勢になってしまい、筋力で蹴る動作になってしまいます。

「こち亀」の両さん

日本の古来の履物は、踵が高くなっていないものが非常に多いようです。草鞋、下駄、雪駄、草履など踵が高くなっているものはありません。テレビの人気アニメ番組「こちら葛飾区亀有公園前派出所」（こち亀）の主人公、両津勘吉（両さん）が、サンダルを履いてあんなに速く走れるのなんでだろう、なんでだろう？　という歌がありました。

実は、正しい走歩行の感覚を覚えるのに、サンダル、あるいは下駄は非常にすばらしい履物なのです。スポーツ選手に合理的な走り方を覚えてもらうのに、小山田良治さん（スポーツマッサージ五体治療院代表）は、サンダル（ソールがフラットのスポーツサンダルをおすすめします）を履いて、離地の瞬間にサンダルのソールが足裏から離れないようにして走る練習をすすめています。離地の瞬間に踵が履物から浮いて、足裏から離れてはいけないそうです。

これがやってみると至難の業なのですが、コツは離地の瞬間に軽く足指（とくに親指）でサンダルをプッシュするようにすると、うまくいくそうです。ただし、力んではいけません。このようにすると、足首で強く蹴れませんし、離地の瞬間から空中の遊脚期にかけて足首が曲がったまま移動します。また、離地した脚が空中で流れることなく、すばやく前に出てきて着地します。むだな動きがなくなるのです。

サンダルだけでなく、下駄や草鞋、雪駄などといった日本の履物には、速く走る上で有効な動作感覚を教えてくれるものがあります。足半という踵がはみ出す履物（図2-16）も、踵が高い靴に慣れて、拇指球で蹴ることがいいことだと思い込んでいる現代人が、正しい足使いを取り戻すための履物として、すばらしいものだと思います。足半の機能性を活かした、常歩訓練シューズなど、考えてみたいものです。オリンピックや世界選手権で、末續選手や他の日本人常歩ランナーがメダルをとったら、表彰台には両さんのサンダルか下駄を履いてあがってもらいたいものです。雪駄か草鞋でもいいかもしれません。

図2-16　足半

［2］無意識の筋力発揮

からだを通じてわかること

自分のからだの中にある筋肉の力以外にも、自分を動かしてくれる力があることを体験すると、毎日の生活やスポーツが楽になり、楽しくなります。

シドニー五輪の男子100mで優勝したモーリス・グリーン選手は、「力を入れて蹴る走り方を改めて、新しい走り方を手に入れるまでに1年以上の長い時間がかかったが、いまではレースが楽になり、この方法しかない」と語って

います。その表情は、走ることが本当に楽しそうでした。楽という字には、楽しいという意味もあります。

なかなか気がつきにくいものを気づかせてくれるのは、正しい知識です。自分を引っ張ってくれる大地の力を重力といいますが、これは、理科（物理）の知識です。

体育やスポーツでは、学校の教科で習うさまざまな方面の知識を活かすことができます。物理の時間には、力学の法則を学びますが、これは人間以外の物体が動くときの法則として学ぶことが多いと思います。授業で習う物理は、毎日の生活における身体動作やスポーツ活動には関係ないと思っている人が多いのではないでしょうか。

自分は力学の法則を活かすからだの使い方をしているか。自分の外にある、ありがたい力を無視して、内力ばかりを持ち出して筋力のむだ使いをしてはいないか。こうしたことを、自分のからだを通して感じたり、考えたりすることは、とても価値あることです。体育やスポーツは、理科や他の教科とからだを通じてつながっています。体育やスポーツの実践を通じて、机の上で習った学問の知識を、生きていく知恵に変えていくことができます。

伸張反射

オリンピックで通算10個のメダルを獲得したスプリンター、カール・ルイス選手を育てたトム・テレツコーチが日本でスプリント講習会を開いたとき、日本人コーチから、「接地期[*12]に踵をつけたほうがよいのか、踵は地面につけないで走ったほうがよいのか」という質問が出たそうです。その質問に対して、テレツコーチは次のように答えています。

「踵をつけるかつけないかを意識してはいけません。足首が曲がって伸びるのは自然な反応であり、ここに意識はおかないほうがいいのです。足首を伸ばすことに意識をおくと遅くなります。鋭く足首を伸ばそうと意識することがかえってランニング速度を遅くします。自然の動きを、意識でつぶさないことです」。

カール・ルイス選手は足首の曲げ伸ばしの角度範囲が約20度しかないということを前章で述べましたが、テレツコーチは、この足首の曲げ伸ばしは自然の動きであるととらえています。鋭く足首を伸ばそうと意識することがかえってランニング速度を遅くするのです。

自然の動きとは何でしょう。自然とは何でしょう。筋肉は、引き伸ばされると、もとの長さに戻ろうとして筋活動を引き起こします。これは、脳からの指令による筋活動ではなく、意識の外で生じるものです。筋が伸張して起こす反射活動なので、伸張反射と呼ばれています。

筋肉のなかには、その筋肉が引き伸ばされたことを感知する「長さセンサー」が埋め込まれています。この長さセンサーを筋紡錘[*13]といいます。図2-17左は、ランニングの着地期に、ふくらはぎの腓腹筋が引き伸ばされた状態を示し

*12 接地期
走者の足が地面についてから離れる瞬間までの間（着地している時間）を指す。

*13 筋紡錘
筋紡錘は筋肉を引っ張る力がどれくらい働いたかを感知するセンサーではなく、引き伸ばされた長さを感じ取るセンサーである。引き伸ばす速度が速いほど、その直後に生じる筋収縮（伸張反射）は著しい。このセンサーがあるおかげで、われわれは意識せずに、走ったり、跳んだり、投げたりすることができる。

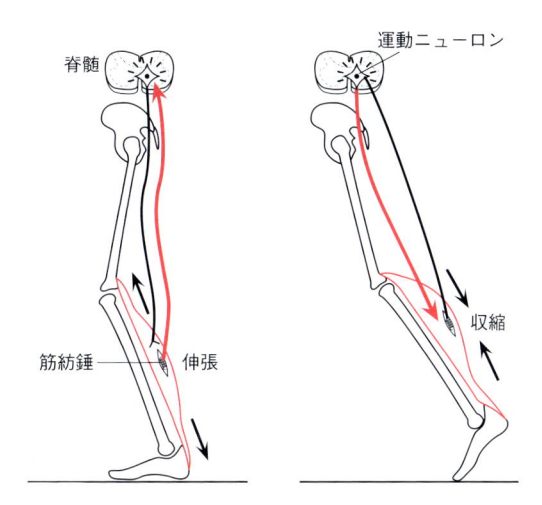

図 2-17　走運動における筋の伸張と収縮

ています。

　筋が引き伸ばされ長さが長くなると、筋紡錘が活動して、シグナルが脊髄まで戻って、引き伸ばされた筋肉を支配している運動ニューロンを興奮させます。筋紡錘から興奮シグナルが運動ニューロンに戻ってくるのです。

　図 2-17 右を見てください。運動ニューロンが興奮すると、神経の細胞体からシグナルが軸索を伝わって筋肉を収縮させます。その結果、曲がった足首は自動的に必要なだけ伸ばされます。意識的に足首を強く伸ばそうとしてはいけません。

　筋肉に埋め込まれた筋紡錘から脊髄の運動ニューロンを経由して、筋肉に指令が戻る神経回路[*14]のイメージをしっかり理解してください。

*14　神経回路
　この神経回路を、伸張反射ループと呼ぶ。末梢の筋肉から中枢の運動ニューロンまで上行し、再び筋肉まで指令が下行して戻ってくる循環（ループ）回路になっている。

生徒（筋肉）はかしこい

　では、筋肉が引き伸ばされてから、反射による筋収縮が起きるまでにかかる時間は、どれくらいだと思いますか。その時間は非常に短く、0.01〜0.03 秒程度です。筋肉を引き伸ばす速さが速いほど、伸張反射による筋収縮は活発になります。この場合、筋肉を収縮させる指令は、脳から発せられるのではありません。

　反射による筋収縮の場合、担任の先生（運動ニューロン）を興奮させたのは校長先生ではありません。これは重要なことです。クラス担任の先生を興奮させたのは生徒（筋線維）なのです。筋肉を働かせるのは脳ばかりではありません。筋肉がみずからを動かすことは、日常茶飯事なのです。

　通常、反射による筋活動は、脳からの指令を受けて起きる意識的（随意的）筋活動と仕分けられています。それぞれ別のものだとみなしてしまいます。確かに、脳から指令を受けて起こす意識的筋活動と、脳を介さずに、筋肉の引き伸ばしによって自動的に生じる筋活動（伸張反射）とは異なるものです。しかし、人間の身体運動のなかには、意識的な筋活動と伸張反射による無意識的な

筋活動の両方が混在しています。

　伸張反射で筋肉は自動的に収縮するということを考えていると、「自然の動きを意識でつぶさないこと」というテレツコーチの言葉の意味が見えてきます。意識を最大にして力んでいるときの筋活動のレベルより、ジョギング中の筋活動レベルのほうが高いということが神経生理学の研究によってわかっています。もし、ランニングのときに足首を伸ばすことを意識的に行うとすれば、それは、意識の外で生じるありがたい伸張反射による筋活動を台なしにしてしまうことになります。何から何まで校長先生が指示を出さなければ生徒が動かないしくみになっていたのでは、そもそも、校長先生のからだがもちません。

　からだの中では、脳（意識）が気づかないことが起きています。身体運動はすべて意識であやつることができると思うのは誤解です。脳とからだ、意識と無意識。スポーツマンは、毎日このテーマと正面から向き合うことになります。実は、私たちは自分で自分の筋肉のじゃまをしていることが多いのです。

3 スピードを養成するには
―スピードのトレーニング法―

［1］伸張反射とバネの特性を利用しよう
―プライオメトリックトレーニングの有効性―

　カール・ルイス選手を育てたトム・テレツコーチは「人間は意識して速く走っているときは速くないのです。むだな力を抜いて走っているときが速いのです」と語りました。

　ここで述べようとするスピードは、動作の速さ、走る速さ、ということです。つまり、一つの関節を動かす速さではなく、からだ全体を動かす速さのことです。これまでも、動作スピードをあげることに関して、いくつか述べてきましたので、ここで少しまとめてみたいと思います。

　前項では、筋肉を引き伸ばして伸張反射を起こすことで、動作のスピードが高まることを解説しましたが、筋肉を引き伸ばすことで得られる効果には、伸張反射以外にもう一つあります。それは、バネの効果です。筋肉組織の中にもバネの作用は含まれていますが、とくに腱組織（筋肉組織が骨につく部分）には、引き伸ばされるとバネのように、もとに戻ろうとする性質があります（図2-18、2-19）。これを専門用語で、弾性エネルギーといいます。

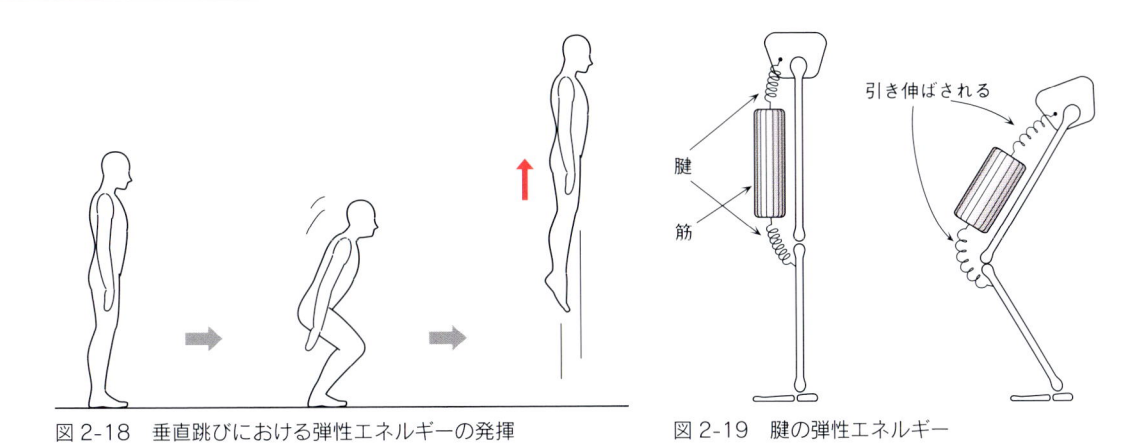

図2-18　垂直跳びにおける弾性エネルギーの発揮

図2-19　腱の弾性エネルギー

切り返しを速く

弾性エネルギーを有効に使うには、引き伸ばしの局面から短縮の局面に切り返す時間を短くすることです。引き伸ばしたらすばやく切り返すのです。垂直跳びをする場合、みなさんは、沈み込んですぐに切り返して跳ぶと思います（図2-18）。しゃがんでしばらく静止して、それから力んで跳ぶのでは、せっかく蓄えた弾性エネルギーを有効に利用することはできません。

しゃがんだとき、足首、膝、股関節の三つの関節が曲がります。そのとき、ふくらはぎの下腿三頭筋の腱（アキレス腱）、太ももの前の大腿四頭筋の腱などが伸ばされ弾性エネルギーを蓄えます。ここからすばやく切り返して、腱のバネの効果を使うのです（図2-19）。

バネの効果は、筋肉と腱のもつ物質としての性質です。その特性を有効に利用することです。筋肉を引き伸ばす効果には、腱のもつバネの効果を利用することと、伸張反射を利用することがあげられます。動作の速さ、走る速さを高めようとする場合は、筋肉をすばやく引き伸ばして、切り返しに要する時間を短くする必要があります。

伸張反射とバネの作用を活用したからだの使い方を覚えるスピードトレーニングとして、たとえば、ハードルを両足で（あるいは片足で）連続で跳び越えていくトレーニングなどが有効です（図2-20）。両足で、あるいは片足で、台から飛び下りて次の台に跳び上がる運動を連続で行うトレーニングも効果的です。

これらのトレーニングは、プライオメトリックトレーニングといいます。「プライオ」とは、もっと（more）という意味で、「メトリック」とは筋肉の長さという意味です。つまり、筋肉の長さをすばやくもっと長くするトレーニングという意味で、伸張反射とバネの作用を有効に活かすからだの使い方を覚えるトレーニングです。

カール・ルイス選手がプライオメトリックトレーニングを行っているビデオ画像があります。何度見ても、その力みのない自然体の姿には感動させられま

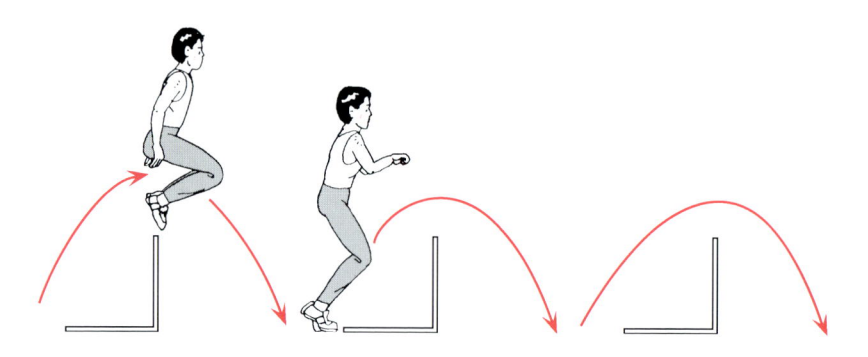

図 2-20　ハードルを使ったプライオメトリックトレーニング

す。リラックスしたまま、リズミカルに跳んでいく姿は、まさに芸術品です。けっして、高く跳ぼうとして、意識的に膝を深く折り曲げて、力んで跳ぶようなことはしません。

　意識して筋肉に力を入れると、せっかくの伸張反射が台なしになってしまいます。切り返しの時間も長くなって、弾性エネルギーも有効に使えません。力を入れるのではなく、高く跳んでやろうという意識をはずして、筋肉と腱に任せます。つまり、膝を抜くのです。抜いた直後に、返ってくる大きな地面からの反力[*15]を利用して跳ぶということです。

　地面反力を利用しないと跳ぶことはできませんが、力んで地面を蹴って地面反力を得るのではなく、膝の抜きによって、からだが真下に落ちる重力の力を使って地面に働きかけて地面反力を得る方法をカール・ルイス選手は用いています。力んでいないので、なんだかさぼっているようにも見えるのですが、筋肉や腱は最大限の働きをしています。

バネの作用は省エネ

　バネの効果には、もう一つ利点があります。それは、筋肉を収縮させるにはエネルギーが必要となりますが、腱がバネの働きをするときには、エネルギーはあまり消費しないということです。「生物」をとった人は習ったと思いますが、筋肉はアデノシン三リン酸（ATP）[*16]という物質が分解されるときに出るエネルギーを使って収縮します。しかし、ATP は筋肉中には少ないため、すぐになくなってしまうので、再合成[*17]しながら運動を継続することになります。ATP の再合成は、糖質（グリコーゲン）や脂肪が分解されるときのエネルギーを利用します。ATP の分解と再合成が同時に行われながら、筋肉は収縮を続けていくのです。

　歩く運動を開始すると、ATP の再合成のために、糖質（グリコーゲン）や脂肪を、酸素を用いて燃やして分解していきます。必要な酸素を筋肉に送って、筋肉でできた二酸化炭素を肺に戻すために心臓が速く打ちます。酸素をたくさんとるために、そして、肺まで戻ってきた二酸化炭素を吐き出すために、肺の

15　反力
　地面反力のこと。24 ページの * 6 参照。

＊16　アデノシン三リン酸（ATP）
　筋の収縮に使用されるエネルギーは ATP の分解によって得られる。筋肉が直接使用できるエネルギー源は ATP である。ATP は、アデノシンという物質に三つのリン酸基が結合している。一つのリン酸基がはずれると、約 8kcal/mol のエネルギーを放出する。このエネルギーを使って筋の収縮が行われる。

＊17　再合成
　酵素の働きで ATP はリン酸基を切り離して分解され、そのとき放出されるエネルギーを使って筋肉は収縮する。分解された ATP は ADP（アデノシン二リン酸）になるが、分解された ADP は、再びリン酸基を受け取って結合し、ATP に再合成される。ATP の再合成のしかたには、有酸素性システムと無酸素性システムの 2 通りがある。

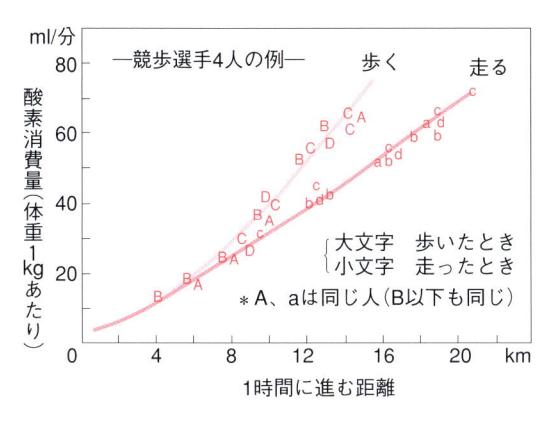

図2-21 歩くのと走るのとではどっちが楽か
(移動速度と酸素消費量の関係)
(宮下充正『あるく』暮しの手帖社)

図2-22 2003年のインカレ10000m競歩で優勝した京都大学の杉本明洋選手(写真はアジア選手権でのもの。陸上競技社提供)

呼吸運動が深く速くなっていきます。

　高校生のみなさんがふつうに歩く速さは、1分間に60〜70mくらいの速さです。これは、通学時に話しながら歩くような、楽に歩ける速さです。歩く速さをどんどん速くしていくと、呼吸が深く速くなって、心臓も強く、そして速く打つようになります。歩く速さが1分間に130mをこえると、その速さを保つには、生体にかなりの負担がかかってきます。

　その速さに達すると、走りたくなります。その速さで走ると心拍数が下がり、呼吸量が減ります。その速さでは、歩くより走るほうが楽なのです。酸素消費量を測ってみると、1分間に130mくらいの速度（時速7.8km）を分岐点として、それ以上の速度では、同じ速さで運動しているのに、走ったほうが歩くよりも酸素消費量が少なく、消費カロリーが少ないのです（図2-21）。

　1分間に130〜140mくらいの速さというのは、ふつうの人にとって歩くことができるぎりぎりの速度です。その場合は、歩いたほうが生体にかかる負担が高いことを意味し、運動強度が高いことを意味します。

　優秀な競歩選手は、5000mを20分以内で歩きます。京都大学にも、10000mを39分59秒で歩いて学生日本一になった杉本明洋君という選手がいます。162cmの小さなからだで、筋力も強いわけではないのですが、常歩の動きを取り入れて、急成長しました（杉本選手が常歩を取り入れて、競歩の動作がどのように変わったかを示す動画を私たちが開設しているホームページ「常歩秘宝館」[*1]で見ることができます）。

　杉本選手は、レースでは1分間に250mをこえる速さで歩いています（100mを約24秒）。競歩のレースを観戦していると、ゴールしたとたんに選手が走り出す光景をよく見ますが、それは走ったほうが楽だからです。

　では、なぜ走ったほうが楽なのでしょうか。それは、走るときには、腱のバネの効果が使えるからです。腱の物質的特性を使ったものですから、ATPを用いた筋収縮とは違って、心拍数をあげ、呼吸量をあげる負担を生体に与えません。

*18　常歩秘宝館
　画面左にあるメニューの「常歩走歩行」をクリックして、「杉本選手の進化（動画）」を開いてください。
アドレス= http://www.namiashi.com/hihoukan/

［2］走る速さを高めるトレーニング

最大瞬間スピードを高める

　前項で解説したプライオメトリックトレーニングは、疾走動作のスピードを高めるための補助・補強トレーニングです。テレツコーチも語っていますが、ウエイトトレーニングも、プライオメトリックトレーニングなどの補助・補強トレーニングも重要な練習手段の一つとはいえるものの、やはり走るスピードをあげる練習としていちばんよい練習は、走ることです。

　競輪選手が用いる練習方法に、時速60kmの速さで走っておいて、後方から時速65kmでオートバイに追い抜かれた瞬間に、オートバイにさっと追いつくスピード練習があります。自分の限界ぎりぎりの速度で走っておいて、それよりわずかに速い速度のオートバイに追いつく練習です。

　そのとき、大切なことは、力んでペダルを踏んだり、力んでハンドルを引きつけたりしないことです。「抜き動作」で回転数をあげることが大切です。力むとかえってスピードが低下してしまいます。スピードがあがったとしても、その速度を維持することができずに、すぐに減速してしまいます。

　陸上競技選手やラグビー、サッカー選手など、疾走速度をあげたい人にとって、最大速度をこえる（こえようとする）練習は、走る動作のスピードトレーニングとして有効です。自分の限界の速度をほんのわずかこえる速度でオートバイなどに追い抜いてもらい、さっと追いつく訓練も一つの方法です。自分の最大疾走速度を得るときの感覚をからだに覚え込ませます。少しでも力みが入ってしまうと、スピードダウンしてしまうことが実感できるでしょう。

　このほか、下り斜面から平地に出る地形を使うのもよい方法です。短い距離の一瞬のトップダッシュ能力（瞬間加速能力）を向上させたいサッカーやラグビー選手などは、10m程度の下り坂を、重力を活かしてスピードをつけて駆け下り、平地を力まずに「抜き」によって数歩トップ速度で駆け抜ける練習が有効です。

　坂を駆け下りるとき、ブレーキをかけないように、重力に自分のからだを任せて落下させるように加速することが重要です。斜面に対してからだを垂直にして一気に駆け下りるようなイメージです。からだを平地に対して垂直にしてしまうと、ブレーキをかけて駆け下りることになり、十分な加速を得られません。下り坂から平地になっている地形は、ゴルフ場などによくあります。近所の自然の地形を利用するとよいでしょう。

　伊東浩司選手が100mの日本記録を作ったアジア大会（バンコク）でのレースは準決勝でした。伊東選手は他の選手を大きく引き離して、最後の7～8mを流して駆け抜けました。その記録が、なんと10秒00で、日本新記録となりました。もし、このとき記録をねらって、最後に力んでゴールしていたとしたら、タイムが百分の数秒遅れていた可能性もあります。

図2-23 100m10秒00の日本記録保持者・伊東浩司選手
（中央写真。現 甲南大学講師）　　　（PHOTO KISHIMOTO 提供）

　力んで地面を蹴って走る選手が力を抜くとがくんと減速してしまいます。地面を蹴らないで走る常歩の選手は、抜いた瞬間に速度があがります。テレツコーチの、「意識して速く走っているときがいちばん速いのではない」という言葉が思い出されます。

やってみよう―3―

自転車こぎで最大速度を実感してみよう

　自転車のスタンドを立てて、その場で無負荷のペダリング（空踏み）をしてみてください。ゆっくりこぎはじめて、しだいに速度をあげていきます。もうこれ以上速くこげないという限界にきたときに、さらに力を入れて、ハンドルを引きつけてペダルを力んで踏んでみてください。足がペダルの回転速度についていけずに、足が跳ね飛ばされると思います。

　このときやるべきことは、リラックスすること、つまり「抜き」です。ハンドルを引きつけると力んでしまいますから、ハンドルは強く握らずに手のひらをあてるようにして、肩甲骨、肩、胸周辺（肩甲帯）をゆるめます。肘もゆるめます。股関節もゆるめます。あとは、自転車にからだを溶け込ませるようにしてからだをゆだねます。このとき、最大速度が出ています。

　100m走を考えてみましょう。「ヨーイ、ドン」でスタートして加速していきます。加速期が終わるとき速度はピークに達します。図2-24に模式図を示しました。蹴って筋力を使ってスタートする選手は、図のaのようにスタートは速いのですが、30mくらいで速度がピークになり（加速期が終わる）、その後の伸びが見られません。ところが、bのように世界のトップ選手は加速期間が長いのです。そして、ピーク速度を長い時間保つことができます。このあ

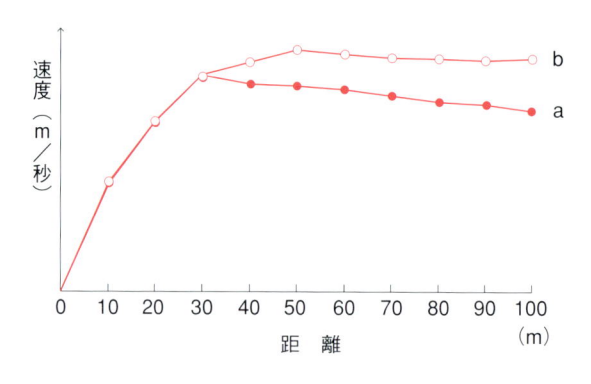

図2-24　100m走の速度変化の模式図

たりの走技術が、100m走の重要なポイントになります。

　自転車の空踏みで示したように、100mの途中でピーク速度に達したとき、もしできるものなら、宙に浮いて空を飛びたいというのが、常歩で走る世界のトップ選手の心境ではないでしょうか。人間は、飛行機のように飛ぶことができないので、なるべく接地時間を短くして、いったん高めたスピードを減速しないようにからだを前方に進めます。ここで、地面を蹴ろうとか、地面を強く押そうとか、よけいなことをして、意識的な力みをからだにもたらすことは、やってはいけません。

顔のリラックス、顎のリラックス

　蹴って走る選手の場合はどうでしょうか。リラックスというのは頭でわかっていても、力みを外すと蹴る筋力も落ちてしまうので、実際にはリラックスすることがなかなかできません。顔の表情にそのことがよく出ています。減速を抑えようとして力めば力むほど、顔がしかめ面になります。

　顔の表情の話になったところで、顔のリラックスについて、少し述べます。顎や頬に力みが入らないことが重要です。リラックスができてくると、顎や頬がゆるんで揺れてきます。顎は、鎖骨と胸鎖乳突筋という筋肉によってつながっています（図2-25）。

　鎖骨は胸鎖関節で上下、前後、左右に動きますが、胸鎖乳突筋の緊張は、胸鎖関節を固定させてしまいます。したがって、胸鎖関節と連動して動く肩甲骨の動きも固定してしまいます。そうなると、腕は肩を支点にして動いてしまい、肩に力が入った状態になってしまいます（図2-26）。

　走るときに、顎は無理やり引きつけて固定しないことです。大きく顎を出すのもよくありません。顎を出すと、もう勝てません。お手上げですという状態です。これではいけませんが、かといって、力を入れて顎をきつく引きつけて固定してしまうのも考えものです。

　近年では、「気をつけ」の姿勢は体を固くしてしまうのでよくないということがよくいわれます。私もそう思っていました。しかし最近、小山田良治さん

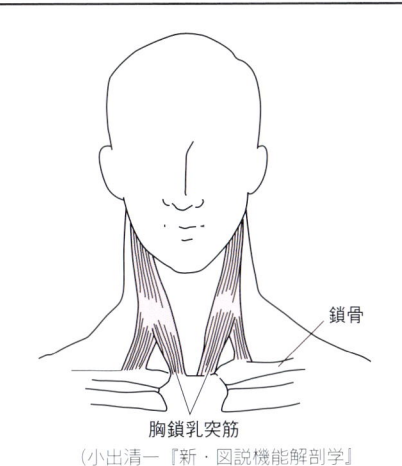

図2-25 顎は胸鎖乳突筋によって鎖骨とつながっている
（小出清一『新・図説機能解剖学』日本エアロビックフィットネス協会）

図2-26 胸鎖乳突筋の緊張が胸鎖関節の固定をもたらす

から指摘していただいたのですが、『歩兵操典』という軍事教科書のなかに出てくる軍隊の本当の「気をつけ」の姿勢は、がちがちにからだを固めた動けない姿勢ではなく、いつでも動き出せる姿勢のようです。「気をつけ」は、不動の姿勢であり、集団への忠誠と服従の意思表示の姿勢でもあり、次の命令を待つ気構えの表現なのだそうです。不動とは、からだが動かないのではなく、邪念が動かない、ということだったのです。

「気をつけ」の「不動の姿勢」をご覧ください（図2-28）。まさに、重心を前にして、骨盤は踵の上におさめて荷重点をいつでも踵にもっていきやすい姿勢をとっています。つまり、いつでも前進できる姿勢で待っています。腰を「くの字」に曲げて上体を前に倒しているように見えますが、体幹は反り返るようにアーチしていることに注意してください。

図2-27 200m、400mで世界を制したマイケル・ジョンソン選手のリラックスした走り
（PHOTO KISHIMOTO 提供）

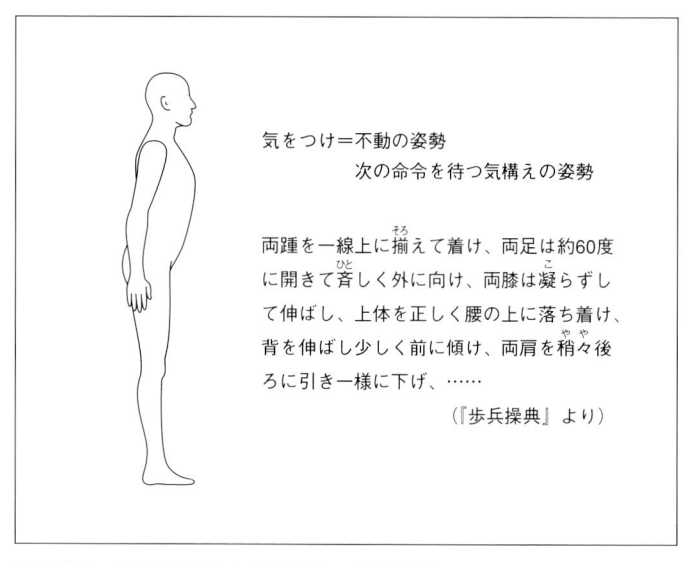

> 気をつけ＝不動の姿勢
> 　　次の命令を待つ気構えの姿勢
>
> 両踵を一線上に揃えて着け、両足は約60度に開きて斉しく外に向い、両膝は凝らずして伸ばし、上体を正しく腰の上に落ち着け、背を伸ばし少しく前に傾け、両肩を稍々後ろに引き一様に下げ、……
>
> 　　　　　　　　　（『歩兵操典』より）

図 2-28　『歩兵操典』に見る気をつけの姿勢

　100mの日本記録を持っている伊東浩司選手は、胸を前にかぶせる、このような体幹姿勢で走っていました。腰から上体を前にくの字に曲げる姿勢ではありません。くの字姿勢は、つま先荷重になって前に進むことに対してブレーキをかけてしまいます。

　陸上選手をはじめ、速く走ることに関心のある選手は、一度、この本当の「気をつけ」の姿勢を研究してみてください。

第3章

誰もが知っておきたい「脳と神経」のこと

1　右と左のつながり
2　筋力よりも動作の基本を習得することが大切なわけ
3　二重構造の神経系

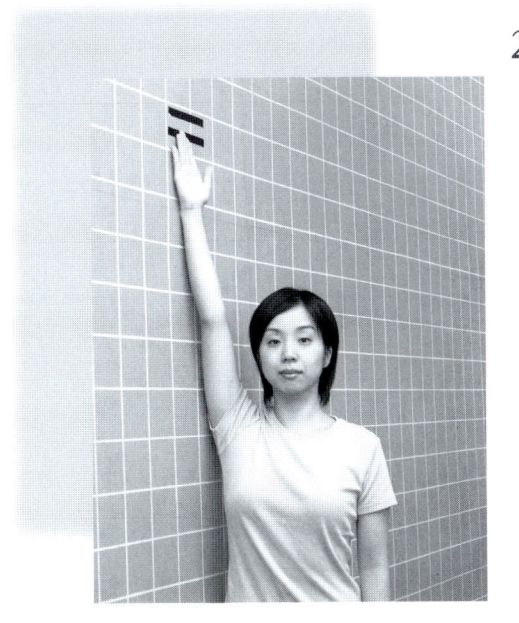

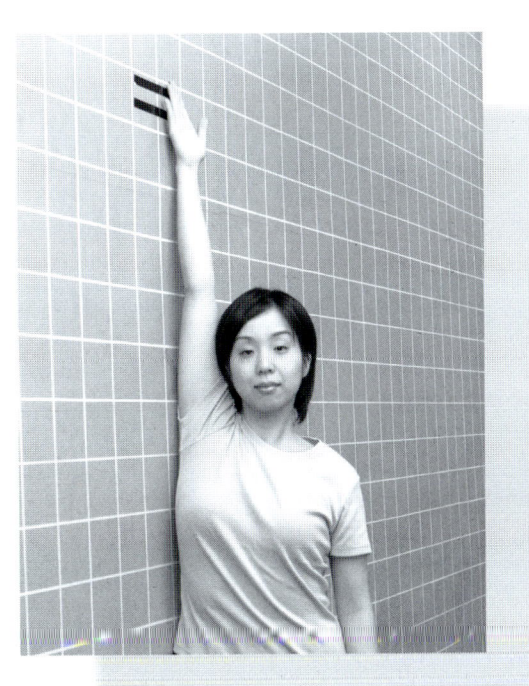

1 右と左のつながり

［1］両側性筋力低下

　われわれ人間のからだは、脚や腕のように左右二つの部分に分かれています。左右の腕を伸ばしたまま、からだの中心に向かって合わせるとほぼ重なるように、左右に分かれていながらも、左右対称の形となって、一つのからだを形成しています。

　肩関節も、胸鎖関節も、股関節も左右一つずつあります。では、なぜ左右に分かれているのでしょうか。みなさんは、そんな疑問をもったことはないでしょうか。当たり前すぎて、考えたことがないかもしれませんが、当たり前で誰も考えないようなことに、もっとも大切なことが含まれていることがあります。

　一般に、右手が利き手である人のほうが圧倒的に多く、右利きの人は、右手の筋力が強く、器用に動かすこともできます。からだの右と左に関しては、左右の大きさの違い、器用さや力強さなど、左右差がよく問題にされますが、そもそも右と左に分かれていなければ、器用さや力強さなどの身体機能の左右差は生じません。

　バーベルや種々の筋力トレーニングマシンを用いて行う筋力トレーニングは、通常、両腕あるいは両脚を同時に筋力発揮するものが多く、片腕・片脚で行う筋力トレーニングはあまり多くはありません。両腕・両脚で行うか、片腕・片脚で行うかということをふだんあまり意識的に考えていないかもしれませんが、片腕で行うトレーニングと両腕で行うトレーニングでは、神経系の働きが違ってきます。

　20年前のことです。私が筋力トレーニングの講習会の講師として、バーベルを用いた筋力トレーニングの方法を示したときに、陸上競技の投擲種目のあるコーチから次のような指摘をいただきました。「先生の示したトレーニング法はすべてバーベルによるものでしたが、砲丸投げや円盤投げなどの投擲選手の場合、基礎的筋力トレーニングとしてはバーベルによるトレーニングもいいのですが、最終的には、ダンベルやアレーを用いたトレーニングでないとだめなんです」。

　そのとき私は次のように答えました。「筋を鍛えるのですから、筋に対する負荷のかけ方さえ間違っていなければ、バーベルでもダンベルでもどちらでもいいのではないでしょうか」。

　そのときの私の考えが未熟だったことが、その後14年たってわかりました。両手同時に最大筋力を発揮すると、片手だけのときに比べて筋力が低下することと、その神経系システムについて、数年間にわたって研究をしたのです。

実験室のコンピュータスクリーンには、実験結果が映し出されていました。両手で同時に最大筋力を発揮すると、左右の筋力が低下し、そのとき、脳波の活動も低下するという図が映し出された瞬間でした。そのとき、あっと叫びました。あのとき投擲種目のコーチから受けた指摘の意味がわかったのです。

今なら、さらにその理由も説明できます。片方の腕で行うダンベルトレーニング（ショルダープレス）は、重いものを持った腕の側に軸を寄せ、寄せた側の軸を使う感覚を覚えるのに適しています。立位姿勢で、右肩からダンベルを押し上げるトレーニングの場合、軸を右に寄せて右足に体重をかけてあげるのと、左足に体重をかけて（体幹を左に傾けて）あげるのを比べると、前者のほうが、同じ重さでも楽にあげることができます。

前者の場合、力んで地面を蹴るのではなく、右膝を抜いて、その直後に返ってくる大きな地面反力を活かしてあげるのがコツです。

このような左右軸の使い方、軸の寄せ方などは、片方の腕で行うトレーニングでないと身につかないと思います。投擲選手の筋力トレーニングが片手で行うダンベルトレーニングでないと不十分な理由には、そういう意味も含まれていたと思われます。

［2］左右の脳が抑制をかけ合う

左手と右手を同時に最大筋力発揮したときの筋力の合計値は、左右片方ずつ最大筋力を発揮した場合の合計値より低くなります。このことを示した研究報告は、今から40年前から見られます。

最初にこの研究をした人たちは、両方同時に最大握力を発揮すると、最大握力の値は片方ずつ発揮する場合に比べてふえるのではないかと考えていました。片方の手の筋力発揮による神経活動が、反対の手の神経活動を活性化させることによって、片方だけ筋力発揮する場合に比べて高くなると思ったようです。

しかし、実験結果は、反対でした。左右同時に最大筋力を発揮すると、左右の筋力はそれぞれ低下したのです。これを両側性筋力低下といいます。

脳の研究によれば、左右いずれか片方の手や指の筋力を発揮する場合、筋力を発揮している側と反対側の大脳半球の運動野[*1]が活動します。両手同時に最大筋力を発揮すると、左右両方の大脳半球の運動野が同時に活動します。私たちは、左右同時に発揮した最大筋力の低下は、脳の活動の低下に起因するのではないかと考えました。つまり、左右半球から記録される脳波電位の振幅に低下が見られるのではないかと考えたのです。

そこで、左右片方ずつと左右同時に握力を最大発揮したときの脳波電位[*2]を記録し、脳の神経機構について考えてみました。右手だけ（UL条件）と左右同時（BL条件）の二つの実験条件における、筋力曲線および筋電図を図3-1に示しました。図は、右手のデータだけを示していますが、左右同時に握力発揮をすると、左右ともに最大筋力は低下し、左右の筋電図活動においても低下か

*1 運動野

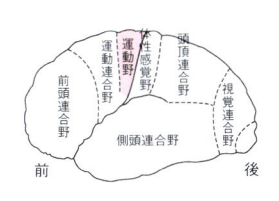

（野田 燎・後藤幸生『脳は甦る』大修館書店）

*2 脳波電位
　詳しくは、運動関連脳電位という。数十回分のものを加算して平均化した電位のこと。

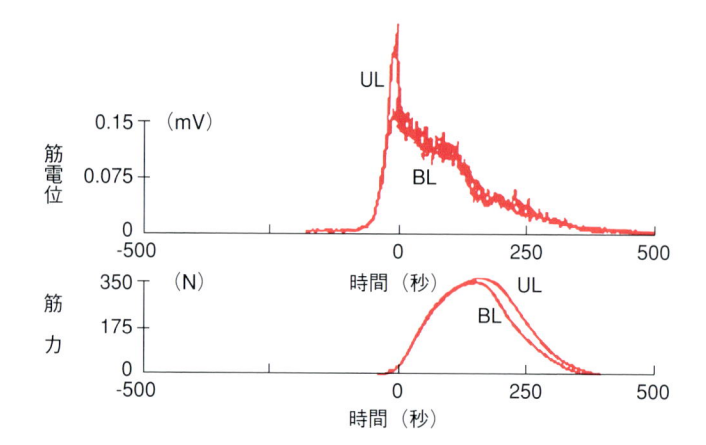

図3-1 片方（右、UL条件）あるいは左右同時（BL条件）に握力を発揮したときの筋電位の変化（上）および筋力曲線（下）

見られました。

見たかったのは、脳波によってわかる大脳半球の活動です。図3-2に、左握力発揮（UL L）、右握力発揮（UL R）および左右同時握力発揮（BL）の3条件において、左半球運動野（C3）と右半球運動野（C4）から記録した脳波電位の総平均を示しました。

左右いずれか片方で握力を発揮する条件では、握力を発揮する手と反対側の大脳半球の脳波の振幅が目立ちましたが、左右同時条件では、左右片方ずつの条件において見られた脳波に比べてその振幅が低く、電位が左右均等になったのです。予測した通り、両手同時に最大筋力を発揮したときには、脳波の活動にも低下が見られたということです。

運動関連脳電位において見られた両半球電位の低下は、両側性筋力低下が

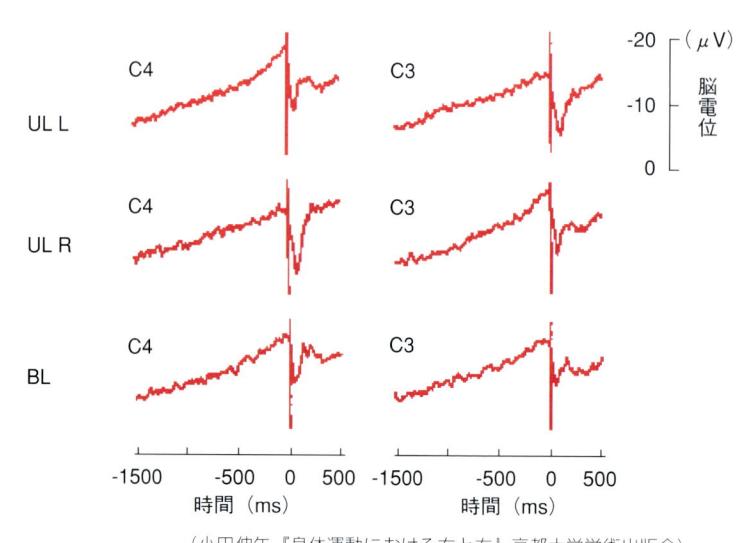

図3-2 左握力発揮（UL L）、右握力発揮（UL R）および左右同時握力発揮（BL）時における左半球運動野（C3）と右半球運動野（C4）の脳電位の総平均

中枢性の要因、つまり脳と関係することを示すと考えられますが、私たちは、両側性筋力低下は、両半球の活動が同時に起きるときに、脳梁を介して左右の大脳半球が互いに抑制をかけ合う効果が生じるために引き起こされるのではないかと考えています（図3-3）。

私たちの実験は、左右肢が同時に筋力発揮するときの筋力の低下を問題としましたが、ランプがついてからできるだけ速く右手と左手を同時に動かすというような、左右同時の反応時間に関する研究も見られます。健常者と、脳梁を切除し左右半球の連絡に支障がある患者の2グループを対象に、片手でキーを押す場合と両手で同時にキーを押す場合の反応時間を調べた研究があります。

その結果は、健常者では片手（右）の反応時間は、左右同時に行った場合の右手の反応時間より短かったのですが、脳梁を切除した患者では、片手で行う反応時間と両手同時の反応時間との間に差が見られないのです。

このことより、健常者において左右同時の反応時間が片手の反応時間に比べて遅くなるのは、左右の筋に送るそれぞれの運動指令を、脳梁を経由して一体化するやりとりに時間がかかり、その処理時間の分だけ反応時間が長くなると考察されています。

*3 脳梁
左右の大脳半球をつなぐ神経線維のたば（下の図は、脳を下から見たもの）。

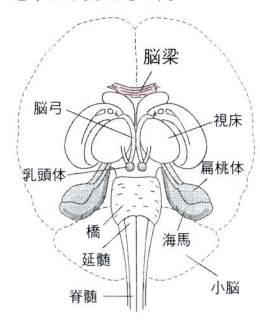

（野田 燎・後藤幸生『脳は甦る』大修館書店）

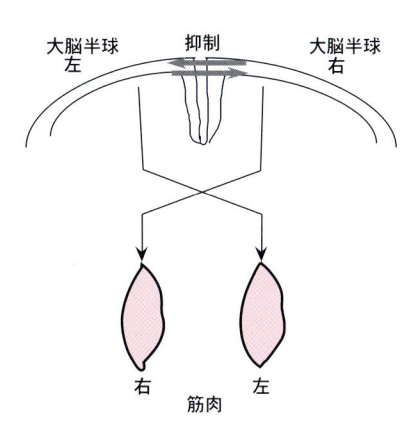

（小田伸午『身体運動における右と左』京都大学学術出版会）

図3-3 脳梁が両側性筋力低下を引き起こすことを示した模式図

［3］意識は最大でも、力は落ちている

片方でも左右同時でも力を発揮する人にとって、意識は最大努力であることに変わりはありません。左右同時の場合、活動筋は片方の場合の2倍になる分、力感が大きく、脳の活動も高まっていると感じる人もいます。しかし、実際に出された結果は、左右同時のほうが筋力は低下しているのです。

主観的力感と客観的筋力との間にずれが生じるのです。記録として出されたものが数パーセント、数キログラムのわずかなものでも、1cm、100分の1秒を競う競技スポーツの世界では無視できません。数学では「1＋1＝2」になりますが、生身の人間の活動のなかには、そうはならない現象があります。

努力することは大切です。その重要性は言葉では語りつくせません。しかし、「力感が大きければ結果も大きい」ということが必ずしも成り立たないことは、スポーツマンなら誰でも知っておきたいことです。本当にものごとがうまくいく瞬間は、不思議なくらい楽に結果が出るものです。

2 筋力よりも動作の基本を習得することが大切なわけ

[1] 発育発達と神経系
―子どもの頃に遊びで覚える動作―

　サッカーの元フランス代表ジダン選手（図3-4）のさまざまな個人技は、幼少の頃、街角で友だちと遊びとして行ったサッカーのなかで覚えたものだそうです。マルセイユ式ルーレットという回転技など、目を見張るものがあります。

　また、ブラジル代表のロナウド選手も豊かな個人技を見せてくれる選手です。シザーズと呼ばれるボールをまたぐフェイント動作など、実にみごとな技ですが、これなども、幼少の頃に身につけたものと思われます。アメリカのプロバスケットボール選手の華麗な抜き技や、膝の抜きから入るシュート動作などにも、子どもの頃に夢中になってやったストリートバスケットのなかで自然に覚えた動作がたくさん含まれています。

　わが国でも小学生の頃からスポーツに親しむ児童がふえてきましたが、この時期は、サッカーならサッカーのゲームのなかで遊ぶ感覚が重要です。大人の場合は、走り込みや筋力を強くする体力トレーニングをハードに行い、点を取るための集団戦術や失点を防ぐためのシステム戦術を覚えることで、勝てるチームができあがります。

　しかし、小学生の時期にいちばん必要なことは、基本の動作や技を習得することです。つまり、運動神経系[*5]の働きを育てることが最重要であって、筋肉を強化したり、スタミナを鍛えたりすることは、もっと後になってから行えばいいのです。遊びのなかだからこそ、抜く動作ができます。「力むよりも、抜い

＊5　運動神経系
内臓の働きをつかさどる自律神経系に対して、からだの動きをつかさどる神経系のこと。

図3-4　元フランス代表ジダン選手　　（PHOTO KISHIMOTO 提供）

たほうが速い」という感覚は、理屈で覚えるのではなく、小学生の時期に遊び感覚で覚えるのがいちばんだと思います。

スキャモンの発育曲線

図 3-5 はスキャモンの発育曲線と呼ばれる有名な模式図です。人間が生まれてから成熟するまでの発育量を100（%）としたときの、各年齢段階の相対的な発育の割合を示したものです。一般型というのは身長や体重、つまり骨や筋肉などを意味します。生殖型とは精巣（男子）や卵巣（女子）などの生殖器を意味し、リンパ型は、胸腺、アデノイド（のどの扁桃）などのリンパ組織を指します。神経型には、脳、脊髄などが含まれます。

この図を見ると生まれてから 12 歳くらいまでは、神経型の発達がもっとも著しく、6 歳時にすでに 90％の発達をとげ、12 歳でほぼ 100％近くになっています。したがって、神経型の発達の著しい小学校段階では、種々の動きを身につけることが、筋力やスタミナなどの体力を身につけることよりも重要となります。そして、中学・高校段階に入って、一般型のからだができる時期にさしかかる頃に、筋力やスタミナを身につけるトレーニングを加えていくのが、発育発達段階を考慮したトレーニングの優先順位といえます。

平泳ぎで世界トップの力を誇る北島康介選手[*6]は、小学校から中学時代までは、平泳ぎに専門化せずに、個人メドレーの選手として 4 種類の泳ぎをまんべんなく泳いでいたことが、今日の基礎を築いたといわれています。

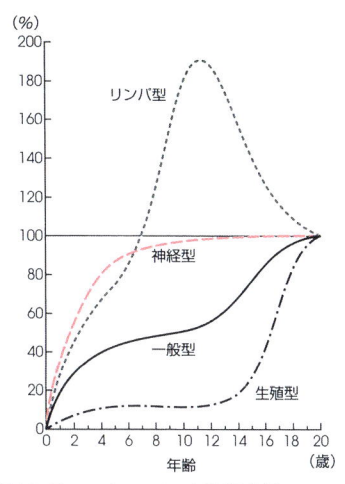

図 3-5　スキャモンの発育曲線

（PHOTO KISHIMOTO 提供）

＊6　北島康介選手
1982 年東京生まれ。2003 年世界選手権大会の 100m 平泳ぎで 59 秒 78、200m 2 分 9 秒 42 の当時の世界新記録を樹立。2004 年アテネ・オリンピックでは同種目 100m、200m で金メダルを獲得。日本体育大学在籍、東京スイミングセンター所属。

促成栽培では大人になって伸びない

以前、私がラグビー日本代表チームのトレーニングコーチをしていたとき、フランス代表チームが来日して、テストマッチ（国の代表チームどうしの試合）が行なわれました。日本代表チームは、持ち前の俊敏なアタックを駆使して善戦しましたが、フランス代表チームは、持ち前の自由奔放、変幻自在なアタック、そして、華麗なプレーをささえる確実な基本プレーを披露してくれました。そのとき、試合後のレセプションパーティーで、フランス人の新聞記者とラグビー談議になりました。

フランス人記者は、私がフランス語をしゃべれないので、片言の英語で語りかけてきました。「高校生の日本代表ラグビーチームを見たことがあるか、そ

のレベルは非常に高く、フランスの高校生の選手よりとくに体力面と戦術面で鍛えられていて、日本の高校生のほうが試合をすると強い。しかし、それから10年くらいたって、国を代表する選手として戦うと、今日のテストマッチのように、フランス選手のほうが強くなるのはなぜでしょうか」。

私は、その場で日本代表の選手たちにこのことを聞いてみました。すると、高校時代に試合で戦ったときにはたいしたことがないと思っていた選手が、数年後に、ものすごい選手に変身しているという話をしてくれる選手が何人もいました。

フランスでは、高校生段階までは全国大会はやらないほうがいい、という国民共通の理解があるというのです。全国規模の大会があると、どうしてもチームを勝たせるために、コーチは、将来大きく伸びる基礎作り、つまり神経系がかかわる基本動作の習熟をおろそかにして、速効性のある筋力作りとスタミナ作り、そして勝つための戦術訓練を強制してしまいます。

これでは、そのときは試合に勝つことができても、その後の伸びが止まってしまうというのです。

教え込む必要があるものが基本

フランスでは、子どもたちにラグビーを教えるときに、たとえば、「円弧を描く」ということを教えるそうです。サッカー日本代表の前監督のトルシエ監督はフランス人でしたが、あるポイントに向かって直線的に走る日本選手に対して、円弧を描くように走ることを教えました。

図3-6を見てください。左のようにオフェンス側の選手が直線的に走ったら、ディフェンスする側にとってみれば、相手の速度とこちらの速度、そして相手と自分の間合い（距離）を感じ取れば、どこで相手にタックルできるかが非常にわかりやすくなってしまいます。

右のように、オフェンス側が円弧のコースをとると、円弧の動きには、縦方向への動きと横方向の動きが混在していて、ディフェンス側から見ると、縦と横の両方に気をとられ、タックルポイントがつかみにくくなります。

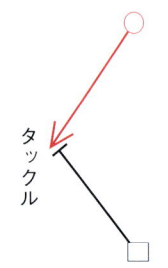

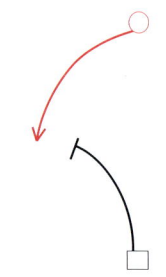

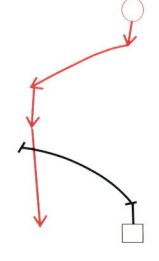

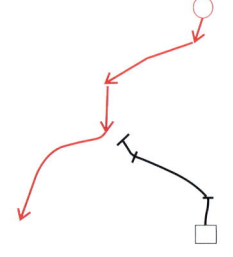

図3-6　右のように円弧を描いて走るとディフェンスが間合いをとりづらい

図3-7　円弧のコースを用いた抜き方

ラグビーのバックスの基本プレーは、ボールを受けてから動いて抜くのではなく、ボールを受ける前に、縦と横に動いて、ボールを持ったときに生じている相手とのずれを利用して突破します。このとき、基本となるのが、円弧のコースです。まっすぐ前に出て、そこからステップを切って斜めに走り、ボールを受ける直前にサイドステップを使って急激にコースを縦向きにします。その瞬間、ディフェンス選手が横に行きすぎていたら、オフェンス側は縦に抜くことができます（図3-7左）。もし、ディフェンス選手が前に出すぎて横にずれが生じている場合は、サイドステップを切って横方向へ抜くことができます（図3-7右）。

　教わらなければ、ふつうの選手は誰でも、直線的に走ります。このように、教わらないと気がつかないような動きで、それを覚えるといろいろなプレーができるようになる動きを基本というのだと思います。

　「円弧」というのは、フランスではどの指導者も、フランスラグビーの基本と考えて、大事に子どもたちに教えるそうです。それも、楽しく、おもしろく、ほめ育てながら、結果として身になるようにじょうずに躾けていくのだそうです。基本を教えたら、あとはゲームをさせて遊ばせます。けっして勝つことを目標にした試合はしません。これが、フランスラグビーの誇りなのです。そういったことを、前記の記者は熱く語ってくれました。

　スポーツには教えないとできないことがあります。それを基本と考えて、子どものうちからからだにしみ込むように躾けていくのは、すばらしいことだと思います。しかも、そのスポーツが大好きになることを最重要視して、楽しく自然に躾けていくのです。躾とは、頭で考えることではなく、からだ（身）にしみ込ませることです。筋肉に記憶を植えつけることだと思います。

　漢和辞典を引くと、「躾」は日本でできた会意文字とあります。身（からだ）が美しいと書きます。美には、うまいという意味もあります。からだがうまく動くことを、スポーツの世界における躾というのだと思います。すぐれた、たくみな動作は美しい、ということでもあります。強制的に無理やり行わせるだけが躾ではないと思います。

図3-8　芝生のグランドでサッカーを楽しむ子どもたち（シドニー）
（PHOTO KISHIMOTO 提供）

[2] 心技体（しんぎたい）

槍投げ日本記録保持者の溝口選手に学ぶ

かつて、溝口和洋（みぞぐちかずひろ）という槍投げの選手がいました。槍投げの現日本記録保持者（2004年現在）で、1989年、当時の世界記録まであと数センチに迫る87m60という大記録を出した選手です。溝口選手がなぜ強かったのか。『月刊陸上競技』のバックナンバー（2002年4～7月号）の特集記事のなかから学んでみましょう。

溝口選手は、技術と体力をばらばらに切り離して考えるのではなく、心技体の融合（ゆうごう）こそがスポーツの真髄（しんずい）と考えていました。そして、「筋肉と神経をつなげる」ということを語っています。溝口選手は、「ウエイトトレーニングの溝口」として有名でした。ウエイトトレーニングをすると筋肉がつきすぎて重くなって、動きが鈍くなるといって、重い負荷のウエイトトレーニングを敬遠する選手もいました。そのなかで溝口選手は、ウエイトトレーニングでからだのキレが悪くなるのは、そのやり方に問題があるからだと考えていました。

溝口選手は、陸上競技選手にとって、ウエイトトレーニングは、たんなる筋力トレーニングではなく、技術トレーニングであると考えていたのです。つまり、彼は槍を投げるときの力発揮のしかたとまったく同じからだの使い方（神経の働き方）で、ウエイトトレーニングを行っていました。

たとえば、ふくらはぎだけをウエイトトレーニングで鍛えても意味がない。それこそからだが重くなり、キレがなくなる。たとえば、ふつうはふくらはぎの筋肉を鍛えるトレーニングと思われるカーフレイズ（立位（りつい）姿勢でバーベルを肩にかついで、踵をあげてつま先立ちになる）も、足首を曲げて伸ばすときに、ただ力むだけでなく、足裏という末端から得られる地面反力を肩にかついだバーベルまで伝える、というからだ使いが重要だと考えていたのです。彼は、「末端と末端をつなげる神経」といういい方をしていました。

本書では押す動作ということを強調していますが、溝口選手がイメージしていた槍投げは、まさに押す動作でした。地面からの力を、地面と接する足という末端部分から吸いあげるようにからだに流し込んで、手という末端を介して槍に伝えるという力の動かし方であり、からだの使い方です。これこそ、多くの力を最終的に末端の一点に集約する、「押す動作」に通じるものです。

溝口選手は、たとえばベンチプレス一つをとっても、槍投げにおける力発揮の技術を考えていました。筋肥大のみを目

図3-9 溝口和洋選手──1989年に樹立した87m60の日本新記録は、2004年末現在破られていない
（PHOTO KISHIMOTO 提供）

図 3-10　高校生にすすめたい地面反力を使ったウエイトトレーニング。膝を抜いて地面反力を使ってバーベルをあげる（左の二つがツーハンズカール，右の二つがバックプレス）

的とするなら、両足を浮かして負荷を胸や腕だけにかけて行うのもよいのですが、肩や体幹の力、さらには、両足をしっかり地面につけて、地面からの反力も、すべてバーベルを持った指先（末端）に集めることにポイントをおいて行いました。立位姿勢で行うトレーニング種目では、地面からの反力を使うには、膝の抜きが有効です。それらのすべての力を手先に集めてシャフト（槍の柄）に伝えることを考えていました。

ウエイトトレーニングを行う人が陥りやすいのは、筋肉を力任せに肥大させることに明け暮れてしまうことです。筋肥大のみを目的とした筋力トレーニングで身につけた筋肉は、末端に力を集める「押す動作」には役に立たないのです。

基礎的な筋力を身につけないといけない高校生選手には、部分的な筋肉に負荷をかけて、筋力（内力）で行うウエイトトレーニングを行うと同時に、地面反力を使って行うウエイトトレーニングの両方をやることをおすすめします（図 3-10）。たとえば、立位ツーハンズカール（肘曲げ運動）を最大筋力の 70 ％の負荷で 10 回を 3 セット、通常のやり方でやった後、同じ重さのバーベルで、膝の抜きなどを使って地面反力を活かすやり方でやってみてください。内力を使って行うウエイトトレーニングと、外力を活かして行うウエイトトレーニングの二つを行うのです。外力を使えるようになると、楽にすばやくバーベルのあがることが実感できると思います。スポーツ競技では、筋力をつけること自体が目的ではないのです。持ったおもりを、いかにすばやくあげるかというパフォーマンスが目的になります。

末端を意識したトレーニングの重要性で思い出すのが、シドニー五輪の水泳・女子 400m 個人メドレーで銀メダルを取った田島寧子選手を指導した藤森善弘コーチの話です。クロールは、軸を寄せる動き、押す動作である、ということで私と共通の見解をもつ藤森コーチと意見を交換したことがあります。

田島選手はバーベルにつけるプレートを持って、あるいは水の入ったペットボトルを持って、末端の手首と指の力を鍛えたそうです。それは、手で水を押すときにしっかり手先に力を集めて、水に力を与えられるようにするためだそ

うです。

　末端の指の強さと、そこに力を集める動き（押す動作）の重要性を藤森コーチは語ってくれました。まさに、「技」と「力」を一致させないとすぐれた競技力は生まれないのです。そして、「技」と「力」を一致させるのは、人間の考え方や感覚という「心」であることを知っていくところに、スポーツのもつ価値と魅力があります。

　溝口選手も田島選手も、心技体の一致を追求していたのです。

3　二重構造の神経系

［1］こむら返りの応急処置に学ぼう

相反支配（そうはん）

　足首を伸ばす場合は、下腿三頭筋（か たいさんとうきん）が活動することで、その運動が成り立っています。この場合、拮抗筋（きっこうきん）である前脛骨筋（けいこつきん）が同時に収縮してしまったら、足首の伸展（ぜん）運動は起こりません（図3-11）。足首の伸展運動が生じるときには、足首の屈曲筋が活動しないように、屈曲筋である前脛骨筋に対して抑制（よくせい）作用が働きます（図3-12）。

　目的とする動きを行う作動筋を興奮させると同時に、拮抗筋に抑制をかける神経支配のことを相反神経支配と呼んでいます。「足首を伸ばせ」という運動指令が脳から筋肉に向かって下りていくと、神経系は、伸展筋を興奮させます。それと同時に、屈曲筋が興奮しないように抑制をかけてゆるませます。作動筋（さどうきん）を興奮させ、拮抗筋を抑制させるという二重の制御を同時に行っているのです。伸張反射（しんちょうはんしゃ）の場合も、引き伸ばされた筋肉を興奮させ、拮抗筋を抑制するという二重制御の神経活動が見みられます。

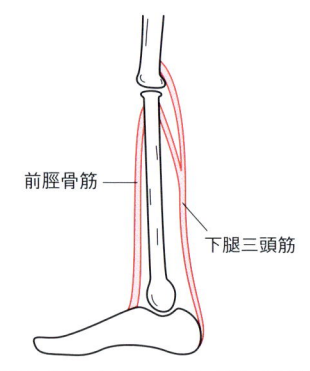

図3-11　足首の屈伸に関して拮抗して働く下腿三頭筋と前脛骨筋

　「足首を伸ばせ」という命令を与えたら、「足首は曲げてはいけない」という抑制の指令がオートマチックにいくようにできています。「伸ばせ、そして曲げるな」という二つのことを意識をしなくても、「伸ばせ」という一つの意識で、そのような二重の制御（相反支配）ができてしまうのです。ここでも、人間の体の動きには、意識では気がつかないことが起きています。からだというのは、本当にうまくできています。

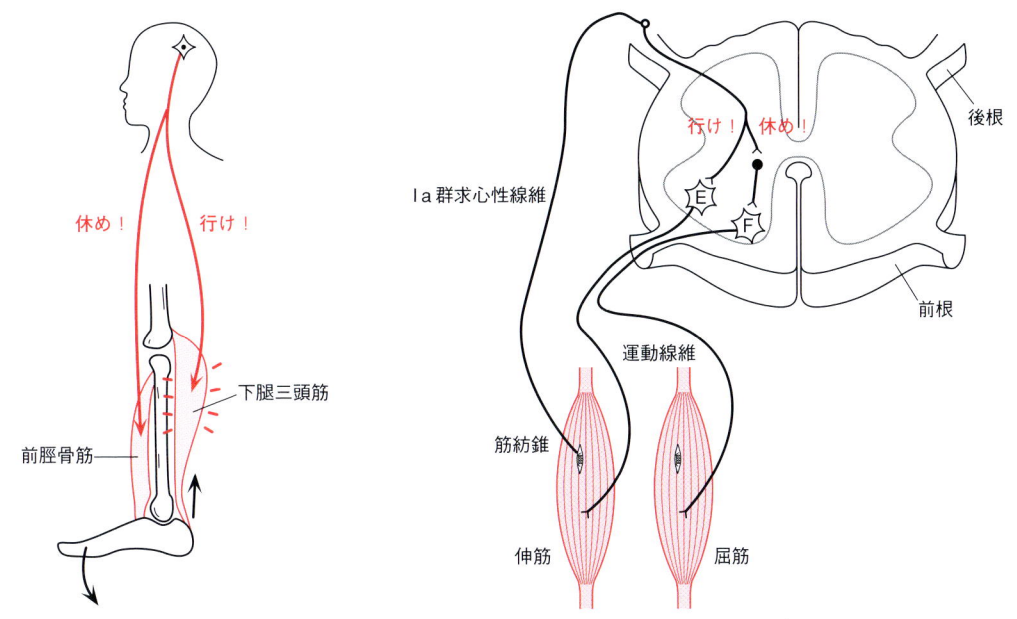

図 3-12　脳から指令がいく場合の相反抑制（左）と伸張反射の場合の相反抑制（右）

こむら返りは自分で直すことができる

　相反支配という神経系の不思議を学んだら、筋肉の「こむら返り」の応急処置に応用してみましょう。みなさんのなかにも、寝ていて、夜中に突然ふくらはぎの筋肉がつるこむら返りを起こしたことのある人がいるでしょう。睡眠中に起きる筋肉のけいれんに対しては、強烈な痛みのために、瞬間的にどのようにしたらいいかわからなくなるものです。

　私も寝ている最中に、ふくらはぎがつることがあります。以前は、隣に寝ている妻を起こして、「足がつった、つった」とわめき散らしていました（お恥ずかしい）。いきなり起こされて、どうしたらいいのかわからない妻に、「足首が曲がる方向に足の指先を押してくれ」と叫びます。

　ものすごい力で足首を伸ばそうとするふくらはぎの筋肉（下腿三頭筋）の力に対抗して、妻が眠い眼をこすって、収縮が止まらなくなったふくらはぎの筋肉を一生懸命伸ばそうとしてくれました。しかし、けいれんはなかなかおさまりません。

　そのようなとき、他人にたよるのではなく、けいれんを自分で直す方法があるのです。まずは膝を伸ばします。膝を伸ばすだけで、けいれんして収縮がおさまらない腓腹筋が引き伸ばされます。1章に戻って、図1-4を見てください。下腿三頭筋のなかの腓腹筋は、足首と膝の二つの関節にまたがった筋なので、膝を伸ばせば腓腹筋は伸びます。これが、けいれんをおさめる第一段階です。

　次に、膝を伸ばした状態にして、自分で足首を曲げる筋肉である前脛骨筋に力を入れて、自分で足首を曲げるのです。そうすると、足首が曲がって、強烈に収縮していたふくらはぎの筋肉に「休め！」の指令がいき、けいれんしてい

るふくらはぎの筋肉の痛みがスーッと軽減します。痛みが消えるその瞬間は、スイッチが切り替わったような、なんとも不思議な感覚です。

このような経験をしたせいで、最近では、夜中に寝ていて、ふくらはぎがつっても、あわてなくなりました。自分ひとりで、前脛骨筋に力を入れて、足首を曲げようとすれば、誰かの力を借りなくても、ふくらはぎの筋肉のけいれんをおさめることができるようになりました。

サッカーやラグビーの試合中に、ふくらはぎや太ももの筋肉がつることがあります。チームメートやトレーナーの助けで、けいれんをおさめてもらう選手の姿がよく見られます。本書を読んだ選手は、自分ひとりで、ふくらはぎを伸ばすストレッチをしながら、同時に、足首を曲げる力を入れて、前脛骨筋を緊張させ、興奮してけいれんしている下腿三頭筋の運動ニューロンに抑制をかけてみてください。相反抑制の働きを活用するのです。

［2］無意識と意識の二重構造

意識にはのぼらないが、からだはすばやく反応している

最近、脳の研究が進んで、脳の中では意識にのぼらないことでも、からだは反応していることがある、ということが明らかになってきました。次のようなおもしろい研究があります。1から4までの数字を1個ずつ2秒おきに10回連続して呈示し、被験者は、1が提示されたら人差指を、2なら中指、3なら薬指、4ならば小指でキーを押します。このときの数字が呈示されてからできるだけ早くキーを押すまでの時間（これを反応時間といいます）を測定します（図3-13）。

キーを押す人には知らされていないのですが、番号の繰り返しには順序性があり、回数を重ねるうちに、しだいにその順序性に気がつくようになります。

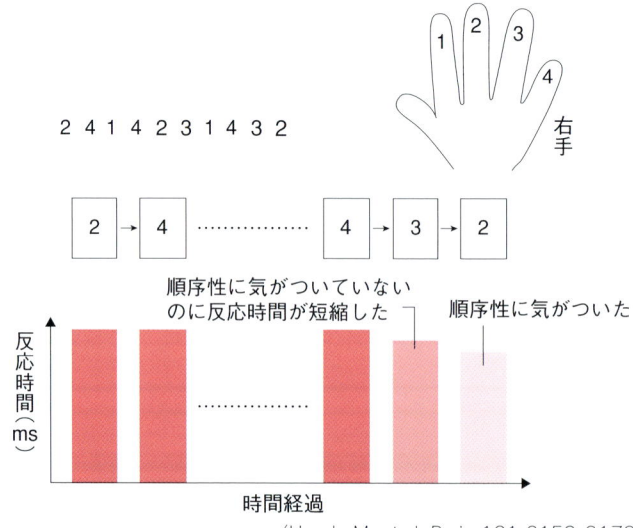

（Honda M. et al. Brain, 121:2159-2173, 1998 より作成）

図3-13　脳が順序性に気づく前に早くなる指の反応時間

驚くべきことに、ほとんどの人は順序性に気がつく前に反応時間が短縮しているのです。調べてみると、順序性に気がつく前に、キーを押す指の筋肉に指令を送る脳の領域が活発に活動していることがわかりました。しかし、そのときには、順序性に気がつく脳の領域はまだ活発に活動するに至っていないのです。順序性に気がつくと、その部分の脳の活動が活発になっていました。つまり、からだが脳より先に運動を学習していたというわけです。

人のからだの動きも、意識と無意識の二重構造になっていることがわかります。

脳の中のからだ

みなさんは、イメージトレーニング、イメージリハーサルという心理的な訓練をしたことがあるでしょうか。実際に筋肉を働かせるのではなく、頭の中でスポーツ動作をする場面をイメージするものですが、最近の脳科学の研究成果によると、実際に筋肉を活動させて手足を動かすときに働く脳の領域と同じ領域が、その動きを脳の中でイメージするときにも活動していることが明らかになっています。右手の動きをイメージしたら、左の脳が活動します。実際に筋肉を活動させてからだを動かさなくても、「脳の中のからだ」は動くわけです。

図3-14を見てください。すぐれた投手の手指のスナップ動作に注目して観察した人は、手指の運動にかかわる大脳皮質の運動野を活動させています。まさに、人は運動スキルを脳の中のからだで観察しているのです。目で見ているだけでも、からだを脳の中で動かしているということです。

リリース時の手指の微妙なスナップ動作は、意識してそうしているのではありません。これは、体幹から末端に向かって流れてきた運動エネルギーが最後に手指に伝わり、手指の筋における伸張反射などの作用も手伝って、無意識的に生じる動きです。しかし、初心者が、すぐれた投手の手指の動きを何回も繰り返して見つめて、手指と手首を屈曲させるスナップ動作自体を意識して行おうとするのは思い違いです。

人の動きを見るだけで、自分の脳では運動が起きている。これは、驚きです。

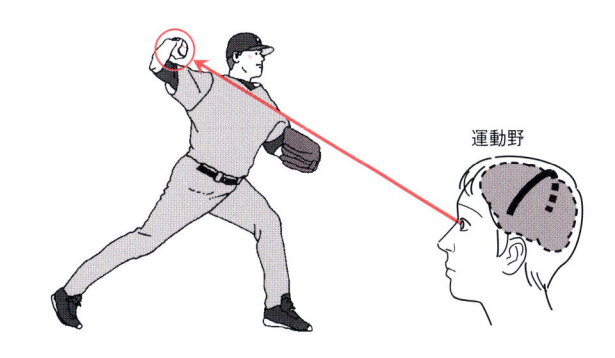

図3-14 人の動きを見ているだけでも自分の脳の運動野は活動している

こういうことがわかると、人の動きを見る場合にどこを見るか、どこに目をつけるかということが非常に重要なことがわかってきます。動作のポイントがからだのどの部分にあるのかを知ることが、スポーツの上達をもたらすといえますが、上達してくると、見るところが違ってきます。まさに、「目のつけどころ」が違ってくるわけです。優秀な監督、コーチが選手の動きを観察する場合、選手のどこを見るか、どこに目をつけるか、こうしたことにも注目したいものです。

無意識の姿勢調節運動を優先するからだ

繰り返しになりますが、私たちが身体運動を行う場合に、個々の動きのすべてを意識的に行うわけではありません。たとえば、立位姿勢から右脚をあげる場合、まずからだを左側に傾け、左脚に体重を乗せてから行います（図3-15）。ですから、左にからだを傾けることが制限されると右脚をあげることはできません（図3-16）。また、立位姿勢で両腕を水平位置まで前方にあげるときには、まず、下肢や体幹の筋群に無意識的に指令を送って、からだの後傾を開始させ、からだの後傾ができてから、両腕があがります（図3-17）。しかし、腕を水平にあげるときに、私たちはからだを後傾させるという姿勢変化を意識しているわけではありません。

脚や腕をあげる運動は意識的運動です。しかし、それらの運動に先立って起きる姿勢調節は、無意識のうちに起きる運動です。脚や腕をあげるのは意識的運動ですが、その裏には、姿勢の無意識的調節がなければなりません。まさに、意識と無意識の二重構造なのです。みなさんもおわかりのように、手足を動かす運動は、手足だけの運動ではなく、からだ全体の姿勢調節運動であるといえます。走運動は手足を動かす運動だと考えるのは、人間の意識が手足の動きに向けられるからです。走運動は、手足の運動ではなく、無意識的な姿勢調節運動だと気がつくことが大事です。

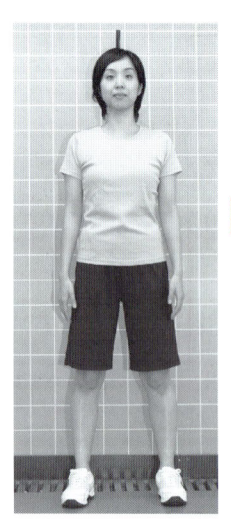

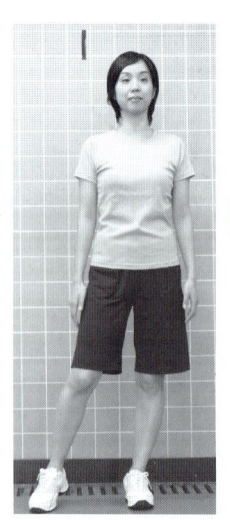

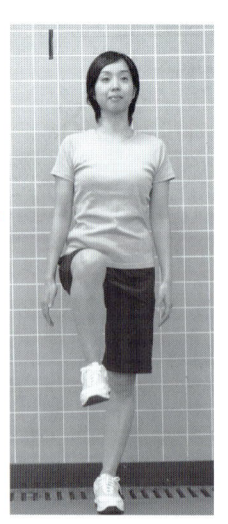

図3-15 片脚をあげるときのからだの傾き――まずからだを傾けて左脚に体重を乗せてから脚があがる

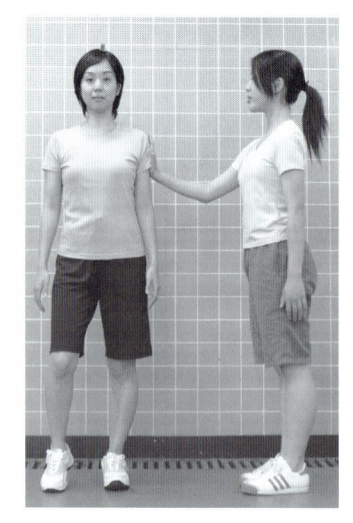

図3-16 からだを傾けるのを抑えられると脚をあげることができなくなる

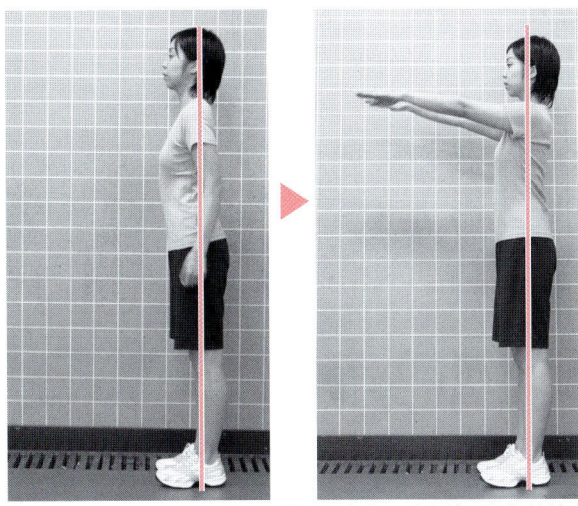

図 3-17 腕を前方にあげようとするときには自然にからだが後傾する

見ることの意味を知った室伏選手

　男子ハンマー投げの室伏広治選手が、80mの「壁」の手前でどうしても抜けられないスランプに陥りました。苦悩の末に、自分の動作のビデオ観察をやめたというのです。穴が開くほど見てきたビデオ研究を、室伏選手は、なぜやめたのでしょうか。やめて、どうしたのでしょうか。

　それは、ビデオに映った自分のフォームを繰り返し見ているうちに、いつのまにか目で見た形にとらわれて、練習で獲得した彼独自の運動感覚を崩していることに気がついたからです。私たちは、自分の動作に、何らかの欠点や改善点を見出すと、その部分に直接的に意識をおいて動作を修正しようとします。室伏選手は、このことがマイナスになる場合があることに気がついたといえま

図 3-18　アテネ・オリンピックで82m91を投げて金メダルを獲得した室伏広治選手（PHOTO KISHIMOTO 提供）

す。
　　たとえば、ビデオを見て、リリース時の手の位置が低いという欠点に気がついたとします。リリースのときに手をあげようという意識をもつと、こんどは手の位置が高くなりすぎたり、手の位置はあがっても、他の部分に新たな問題が出てきたりすることがあります。
　　室伏選手が、これまで感覚の重要性を知らなかったはずはありません。しかし、動作を繰り返し目で見て確認することが、知らず知らずのうちに感覚を狂わせていた、ということに気がついたのだと思います。
　　最近、室伏選手からお聞きしたのですが、動作を感じることを、「内から見る」と表現していました。「僕の動きは外からいくら見ても盗めませんよ。僕の動きは内から見ないとわからない。外からいくら見てもわからないんです。動作を内から見ることを訓練しているんです」。

［3］動作の修正はシーソーのバランスで考える

別のところに光をあてる

　「プロ野球界はコツの世界、職人の世界」と語るのは、野村克也氏です。著書『続　敵は我に在り』（ワニ文庫）の中で、何を意識するか、別な部分に光をあてる、という見出しで注目すべきことを述べています。
　巨人軍の前監督の原辰徳氏が現役選手だったころ、打つときに右肩が下がる（原選手は右打者）という欠点があったそうです。野村氏が、「何に気をつけて練習している？」とたずねると、原選手は、「肩を水平に回すことを考えています」と答えたそうです。
　しかし、野村氏は、右肩が下がっているから、右肩が下がらないように水平に回そうというのでは、簡単に矯正はできないだろうといいました。技術的な欠点というものは、ほとんどの場合、別な部分を意識することで是正されることが多い、というのです。
　では、どうするか。原選手は、右肩が落ちることで、左手の甲もボールに正対していない。やや上向きになっている。だから、左手の甲をボールにぶつけていく感覚をもったほうがよいというのです。
　「別なところに光をあてる。プロの世界はコツの世界」。野村氏のこの言葉を、私は「意識をはずす」という言葉で説明しています。あるからだの部分をああしよう、こうしようと、その部分に意識をおいているうちは、うまくいっていないということです。意識するなといっても、意識がいってしまうということもあります。では、意識しなければうまくいくのかといえば、そういうものでもありません。
　ここで、野村氏の言葉が活きてきます。うまくいかない部分から意識をはずして、関連する別の部分に意識をおくのです。別なところに意識を向けること

によって、はじめて意識をはずすことができるということです。

　みなさんも、監督やコーチに、からだの動きについて注意されることがあると思います。たとえば、「肘の位置をもっと高くしなさい」とか、「膝をもっとあげて」などといわれることがあるでしょう。そこで、いわれた通り、動作中に意識して肘や膝を高くしても、ほめられないことがよくあるはずです。

　注意されたところに直接意識をおいて動作を修正しようとすると、別の欠点が出てきて、こんどは、その欠点を指摘されてしまいます。どうしたらいいのかわからなくなって、開き直って何も考えずにやってみたら、「そうだ！　その膝の動きだ！」などといわれた経験はないでしょうか。選手も指導者も、いっしょになって、なぜこういうことが起きるのかを考えていくことが大切です。

シーソーのバランス

　欠点を直す場合に、その部分を直接意識してしまうことはよくありません。最終的には、その部分を意識しないでうまくいくようにするにはどうしたらいいのかを考えることです。

　そのためには、いま問題となっている動きの欠点に関係している別な欠点を見つけるのです。つまり、「肩が水平に回転しない」という欠点は、「手の甲がボールに向かっていく感覚が足りない」ということとペアになっていることに気づくことが大事なのです。

　遊園地にあるシーソーを思い浮かべてください。シーソーのこちら側に「肩が水平に回転する」という修正目標、反対側に「手の甲がボールに向かっていく」という動作感覚がのっています（図3-19）。

　シーソーの片方には、「肩が水平に回る」という目に見える世界のことをのせます。つまり、動作がどうなっているかという客観的な事項をのせます。反対側には、「手の甲をボールにぶつけるような感じ」という目に見えない感覚の世界のことをのせます。

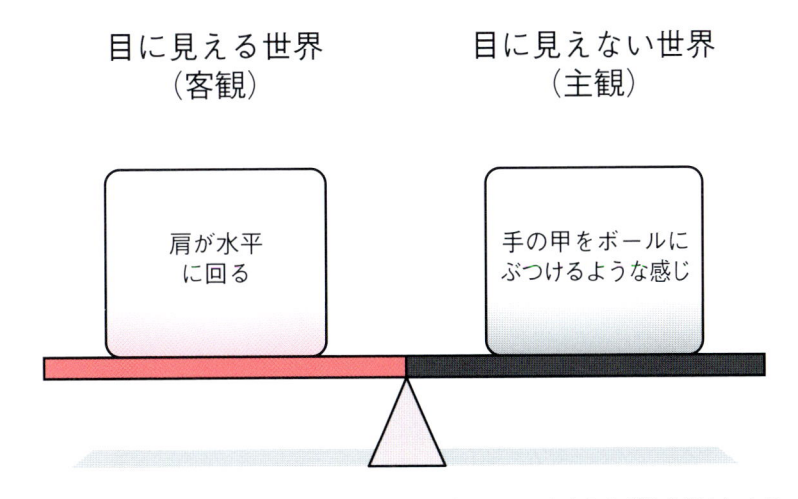

図3-19　運動動作の何と何がバランスをとり合っているか考えながら練習をしよう

自分の動作が、「このような動きになる」には、「どういう感覚で行う」のがよいのか、ということをいつもシーソーのこちらとあちらにのせて考えてみます。ある動作を行うのに、ぴたりとつり合う感覚が見つかったとき、動作はうまくいきます。スポーツ動作の練習では、何と何がシーソーの両側にのるのか、そのことを自分の中でいつも探っておくことです。

　イチロー選手は、メジャーリーグの3年目のシーズンにスランプに陥り、その原因が上半身の力みにあることがわかったときに、その力みを意識してはずそうとしても、なかなかうまく力が抜けなかったそうです。そのうち、膝から下の部分にも力みがあることがわかり、その力みをはずしたら、自然と上半身の力みがとれた、ということをオフシーズンに語っていました。イチロー選手のなかでは、上半身の力みがなくなることと、膝から下をゆるめる感覚が、シーソーの両側でバランスをとっていたわけです。

　シーソーの両側で何と何がバランスをとり合っているのか、ここでもう一度考えてみましょう。意識と無意識のペアがありました。すべて意識してからだが動くわけではないことを知ると、何に意識をおいて、何に意識をおかないほうがいいのかを考えるようになります。右手の動きを直そうとしたら、左手の動きから入る、という左右バランスもあります。上半身の動きと下半身の動きというペアもあるでしょう。目で見て、外から観察した動きと、その動きを行うときの感覚、というバランスもあります。

　からだの動きは、確かに複雑な構造をしていますが、動作をするときに意識できるのは、一つだけです。あれもこれもと意識したら、動きがとれなくなってしまいます。いつも、何と何がペアになってシーソーの両側にのっているのかを考えながら練習していきましょう。

第4章

誰もが知っておきたい「軸感覚」のこと
―二軸動作と中心軸動作―

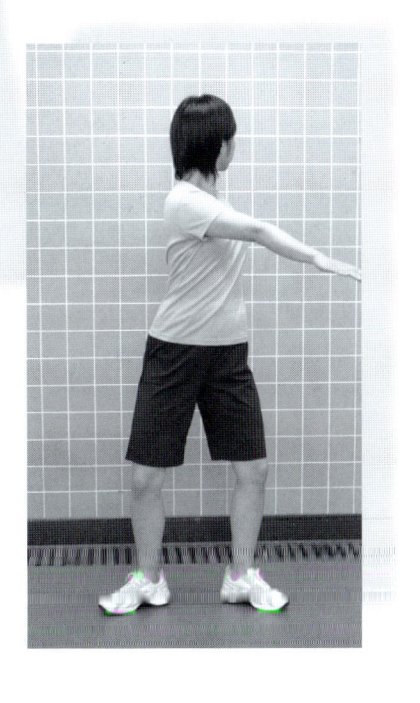

1　中心軸感覚と二軸感覚
2　常　　歩
3　二軸投法

1 中心軸感覚と二軸感覚

人間は、二足で立って歩く動物です。進化の過程で、四足歩行から二足歩行になった経緯があると考えられています。四足から二足になったときに、大きく変化した点として、姿勢の安定性を保つのに余分な労力を払わなければならなくなったことがあげられます。

人間は、二足で立つために、つねに姿勢の安定性をしいられているのです。私たちは日常、何気なく簡単に立っているように見えますが、安定性の制御が無意識にうまくできてはじめて立っていられるのです。

日頃、からだの軸感覚など考えたことがない人でも、「あなたのからだの軸はどこにありますか？」と聞かれれば、頭のてっぺんから両足のまん中にかけて串刺しにした軸を想定すると思います。これまでも、何度か触れていますが、本書では、このからだのまん中の軸を「中心軸」ということにします。中心軸は、人類が進化の過程のなかで、二足で立つようになったときから、倒れないために感じるある意味で本能的な軸といえます。感じる軸ですから、これを軸感覚という場合もあります。

［1］サッカーの二軸動作

二軸キック

図4-1のキック動作を見てください。立ち足で安定して立ったまま蹴っています。蹴った後も安定して立っていられます。この蹴り方は、中心軸感覚のキックです。相手にじゃまされない状況、たとえばフリーキックやコーナーキックのときには有効なキックだと思

図4-1 中心軸感覚のキック（インフロントキック）　　（『ビジュアルスポーツ』大修館書店）

います。

　ところが、試合中のキックでは、いつもボールの真横に立ち足をおいて、安定して立って蹴ることができるとはかぎりません。相手と激しく競り合いながらパスやシュートをしなければいけないような状況では、ボールが立ち足の前方や斜め前方にあることもしばしばあります。日本のサッカー選手は、こうした場合に、ボールの真横に足を合わせようとするために、ワンタッチ、ツータッチ余分なプレーをして、タイミングを逃すことがよくあります。

　もちろん、余裕のある場合は、真横の位置に立ち足を合わせて蹴ったほうがよい場合もあるのですが、そのために、プレーのタイミングを逃すことがそれ以上に多いと思います。日本の選手は、ボールの真横の位置に立ち足をおいて、ねらいすましてシュートを蹴るのですが、慎重にねらったわりには、ゴールの上の枠をはずしてしまうことが多いように思います。中心軸のキックができないのも問題ですが、中心軸のキックしか満足にできないのは、それ以上に問題です。

　ボールの真横に立ち足をおいて安定して立って蹴るキックでは、動作が一瞬止まってしまいます。しかし、世界のトップ選手の動きは違います。右足で蹴る場合、体重を右足に移動しながら、軸を左足から右足に踏み換えます。つまり、左右の軸を切り換えながら蹴るキックなので、二軸キック（二軸動作、あるいは左右軸動作）と呼んでいます。蹴り足が軸足ともいえるキックです。

　二軸感覚でキックする選手は、ボールの真横の位置に立ち足がきたときも、からだ全体を前に移動しながら蹴って、蹴った後、かならずボールを蹴った足に踏み換えます。二軸キック（二軸動作）は、からだ全体の前に出る運動量を足先に集める「押す動作」でもあります。

パス＆ゴー

　サッカーには、「パス＆ゴー」という基本があります。二軸感覚でパスする選手は、パスした後、自然に走り出しているので、パスの後のポジション移動がスムーズです。走りのなかにパスがあるかのようです。しかし、中心軸感覚の選手は、試合になると、パス＆ゴーという基本は守れず、どうしてもパスのときに重心移動が止まってしまうので、パスした後、走り出すことを止めてしまう場合が実際には多いのです。これは、意識の問題というよりも、動作の問題だと私は考えています。

　走りとパスが別々な動作として切り離されているからです。だから、パス＆ゴーといういい方をするのだと思います。パスとゴーの間に「＆（アンド）」が入っているのです。パスした後のこぼれ球に対しても、必ず、止まった状態からアプローチすることになるので、次の仕掛けが一歩遅れます。ボールがこぼれてから、あわてて行くことになります。

　Ｊリーグの各チームに来た世界的な選手が、日本人選手に向かって次のような指摘をするそうです。「君たちはなぜパスするたびに毎回止まるんだ。そんなことをしていては、相手にパスすることを読まれてしまう。止まることや、

パスの次の動きが遅れることで、ゲームの微妙な流れが止まってしまうではないか」。二軸感覚でキックする選手は、パス（キック）が終わるときには、次の動作が始まっています。

二軸感覚でキックすると、蹴り足を振りきらないので、飛んでいくボール速度が遅くなってしまうのではないかと思う人が多いかもしれませんが、思った以上に速いボールを蹴ることができます。止まって、蹴り足を高速で振りきらなければ速いボールは蹴れない、というのは中心軸感覚がもたらすある種の錯覚です。脚に比べてはるかに重たい自分自身の体重（体幹）を移動しながら蹴っているので、その運動量を蹴り足の一点に集めると、ボールは思った以上に鋭く飛んでいきます。

インサイドよりアウトサイドのドリブルを

わが国のサッカー選手のインサイドパスについて、速度が遅く（弱いパス）、距離が出ないことがよく話題にあげられます。中心軸感覚で、体幹を後方にのけぞるようにして立ち足で踏んばって、止まって、蹴り足のみを前に押し出すようなキックからは、十分なスピード、強さ、距離は出ません（図4-2）。

この問題は、からだ全体が移動する運動量を蹴り足に集める二軸動作を覚えると、解消されると考えています。末端の蹴り足を前に押し出していくのではなく、立ち足の膝を抜いて、蹴り足側に軸を移し換えながら、蹴り足側の骨盤（股関節）を前に出していくような感じのインサイドキックです。それには、左右の膝や股関節周辺が脱力していることが重要です（図4-3）。

二軸キックを覚えるには、アウトサイドのドリブルから入るといいでしょう。スケートのように、脚（足）を外にひねりながら、つまり、外旋させながら、その足に体重を乗せるようにして押し出します。常歩の走りによく似ています。股関節を内旋させたまま、足のアウトサイドで押し出すのではありません。アウトサイドのパスも、股関節の外へのひねり（外旋）を使います。

インサイドドリブルでは、外旋位から内旋しながらの動きですので、常歩の走りの逆になります。外国の一流選手が、試合前など、グランドに出てきて、

図4-2　中心軸インサイドキック──立ち足をボールに合わせるため（立ち足が軸）、蹴った後動きが止まる

図4-3　二軸インサイドキック──蹴り足をボールに合わせるため（蹴り足が軸）、蹴った後動きが止まらない

無意識に味方の選手にぽんとパスするとき、アウトサイドのドリブルから、アウトサイドパスをよく使います。インサイドのドリブルとパスより、アウトサイドのドリブルとパスのほうが得意のようにみえます。しかし、わが国の選手の多くは、インサイドのドリブルとパスのほうが得意なのではないでしょうか。

トラップも二軸動作で

トラップ動作でも、中心軸感覚の選手は、右足を右側に出してトラップするとき、立ち足に体重をかけたまま、体幹を左に傾けて、右足を出します（図4-4）。こうすると、ボールはからだから離れて、しかも、いったん動きが止まってしまうため、どうしても次の動作が遅くなります。これでは、相手にボールを取られてしまいます。

軸を右に寄せて（中心軸を傾けないで）、体幹を右に平行移動するようにして、トラップするのが二軸動作です。こうすれば、ボールはからだのどこかにあたってぽとっと下に落ちて、トラップした足が軸足となって、反対の浮いた足ですぐに、シュート、パス、ドリブルなど、なんでもすることができます。二軸動作では、一つの動作が終わるときには、次の動作が始まっています。ブラジル体操[*1]などは、こうした二軸動作の要素がふんだんに含まれていますが、中心軸感覚の選手の多くは、こうした動作を中心軸感覚（静的安定感覚）でやっています。

（『ビジュアルスポーツ』大修館書店）
図4-4　中心軸感覚（静的安定）のトラップ

トラップで、ボールを大事に止めようと意識すればするほど、中心軸感覚の選手は、立ち足に体重をかけたまま、静止してピンポイントでトラップしてしまいます。こういうときにかぎってトラップミスが起きます。二軸感覚の選手やコーチから見たら、おおちゃくな、怠慢（たいまん）プレーに見えます。しかし、当の本人にすれば、「気持ちを込めて大事にボールを止めようとしたのだ」ということになります。

感覚が違うのです。動作が違うのです。中心軸感覚だと、ボールを大事に止めようとしているのにもかかわらず、結局、無意識的に自分自身が安定して立っておくことを優先しています。しかし、本当に大事なのは、ボールなのです。

ロナウジーニョ選手のシザーズ

ブラジル代表のロナウジーニョ選手のシザーズ動作も、二軸動作です。ボールを右足でまたぐときにロナウジーニョ選手は、右足の股関節（こかんせつ）を外旋させながらボールをまたぎます。足先が円弧（えんこ）を描きながら外を向いていきます。そして着地の瞬間には、内を向きます。

*1　ブラジル体操
　サッカーのウォームアップなどで行う体操。ブラジル体操には、サッカーの動作の基本を養う要素が多く含まれているが、多くのチームが中心軸感覚で行っている。
　本来のブラジル体操は、中心軸を傾けずに軸を寄せて左右軸を使う感覚、股関節の外旋動作、踵で踏む感覚、足裏のアウトエッジ感覚など、二軸動作満載の体操である。

図4-5 股関節の外旋と膝の抜きを使ったロナウジーニョ選手のシザーズ
(PHOTO KISHIMOTO 提供)

次の左足のボールまたぎ動作も、左足の股関節を外旋させながら行い、着地の瞬間は踵を踏みます。そして、着地した脚の膝の抜きで、からだの進む方向に倒れるようにして相手を抜き去ります。

シザーズを行う日本選手もいますが、よく見ると、股関節が外旋していません。足先と膝頭がまっすぐ前を向いたままでボールをまたぎます。右足を踏んで左足でボールをまたぐのに、拇指球に荷重して、筋力で地面を蹴ってまたぎます。これでは、力みが入って、動作が遅くなり、なかなか相手を抜くことはできません。

コンタクトプレーも左右の軸を使う

コンタクトプレーも二軸動作で行います。からだの右側で相手にあたるとき、中心軸動作の選手は、左足で蹴って、右足が宙に浮いた状態であたっていきます。世界のトップ選手が体の右サイドで相手選手とコンタクトする場合は、軸を左から右に切り換え、右足を相手側に踏み込んで、沈むように右膝を抜いてあたります。膝を抜いた直後に得られる（体重を大きく上回る）地面反力を相手に伝えるのです。この地面反力で相手は飛ばされます。

中心軸動作と二軸動作を体験してみよう①

やってみよう―1―

二人組で体の横側でコンタクトします。まず相手から遠い側の足の拇指球で蹴って、相手側の足は宙に浮かせて伸びあがるようにあたります（図4-6左）。次は、相手側に近い足を全面着地し、その足に体重をかけ（軸を寄せ）、膝を抜いてあたってみてください（図4-6右）。

前者が中心軸感覚のあたり方で、後者は二軸感覚のあたり方です。二軸動作のほうが強いことがわかっていただけると思います。

図 4-6　中心軸動作のあたり（左）と二軸動作のあたり（右）

　じょうずな選手は、左右二つの軸がありますから、相手があたってきたら、相手から遠い側の軸の膝を抜いてあたりを吸収し、すかさず、相手に近い側の軸であたって相手を跳ね返します。中心軸動作であたる選手は、軸が一つしかないので、地面を蹴ってあたりにいったら、そこで動作はいったん終わってしまいます。相手にかわされると、体勢が崩れて、動作を立て直すのが遅れてしまいます。

　グランドがぬかるんでいる場合など、中心軸動作で動く選手のコンタクトの弱さがとくに目立ちます。中心軸で動く選手は、下がぬかるんでいると、グランド状況がよい場合に比べて、相手と接触するワンプレーごとに、滑ったり、倒れたりして、プレーの強さ、正確性が低下し、次のプレーへの参加も遅れてしまいます。

　ラグビーにおけるボールを持った状態でのあたり動作も、世界のトップ選手は、あたる瞬間に膝を抜いているため、しなやかな感じに見えます。それでいて、あたられた相手は体勢を崩したり、跳ね飛ばされたりします。わが国のラグビー選手の多くは、ガチガチにからだを固めて、相手から遠い側の足で踏み切って、相手に近い側の足を宙に浮かしてあたるようです。

　ラグビーのタックル動作も、二軸と中心軸では違います。二軸動作のタックルは、右肩であたるときは、右足を踏み込んで右膝を抜き、押す動作であたります。右肩がかわされても、次の足（軸）を出して、なんとかつかまえることができます。中心軸タックルの場合、右肩であたるときは、左足で蹴ってあたるため、これで動作がいったん終了します。あたることができた場合はいいのですが、あたらないと、そのまま倒れてしまいかねません。

　コンタクトが弱い場合、「筋力、からだの大きさなどのフィジカルが弱い」とよくいわれますが、私は二軸動作のことを考えるようになって、それだけの違いではないと思うようになりました。みなさんといっしょに考えたい重要な問題です。世界には小さい選手や細身の選手でも、フィジカルの強い選手がたくさんいます。彼らの強さの秘密は二軸動作にあります。

2　常歩（なみあし）

[1] ウマの歩き方からヒントを

Quiz　人類が二足で立ったのは何時何分？
ここでみなさんにクイズを出してみたいと思います。46億年の地球の歴史を1日にたとえると、人類が二足で立ったのは、何時何分頃に相当するでしょうか？

　正解は、なんと1日の最後、午後11時59分以降になります。人類も四足で歩いていた時代が長かったのです。このようなことを考えると、現在、私たちは二足で歩いていますが、四足の歩き方の名残をどこかにとどめているのではないかと思えてきます。たとえば、ウマの歩きを人間の歩きに置き換えるとどうなるのか。このような思いが私のなかでしだいにふくらんできました。

　京都大学の構内には、ときどき、馬術部のウマが歩いています。それは、歩くウマの大きなお尻を目の前で見たときでした。そのお尻が小さく左右に揺れるのをみてハッとしたのです。「ウマの動きの軸は、からだの中心にあるのではなく、からだの左右に二つある」と。

　ウマの歩きを見ていると、左の前後肢の2本で体重をささえ、右の2本の脚が一瞬宙に浮く局面があります（図4-7 ⑧）。逆に、右の前後肢の2本で体重をささえ、左の2本の脚が一瞬宙に浮く局面があります（図4-7 ③）。このように、ウマは、左右の軸を交互に切り換えながら、歩いています。だから、

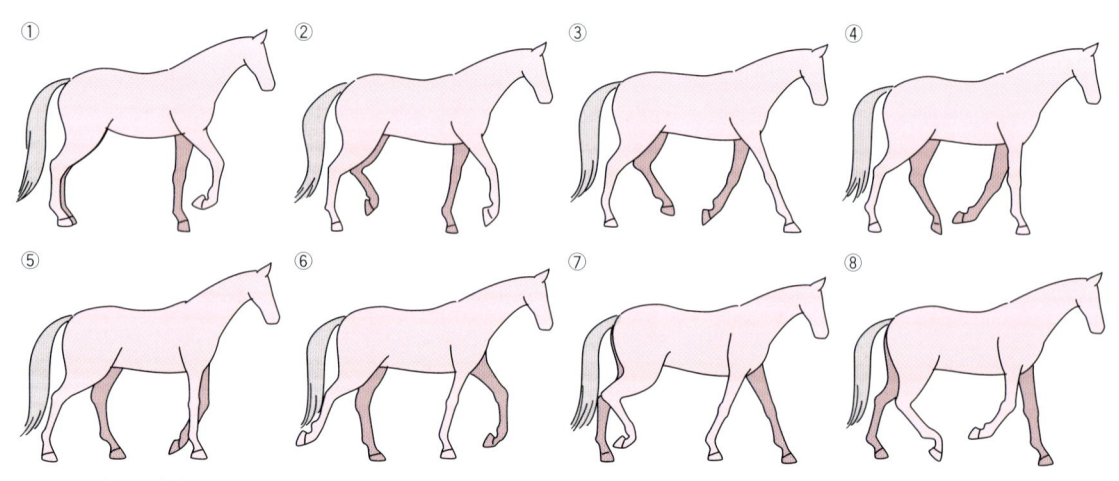

図4-7　ウマの常歩の歩き方

「軸は左右に二つ」と思ったのです。

　人間も、体重を左右の股関節に乗せながら、左右の足を地面につけて歩きます。したがって、左右の股関節に、動作の基点となる2本の軸ができると考えたのです。ウマの歩き方を見ていると、右後肢が前に出て、遅れて右前肢が前に出ます。次に、前に出た右の前後肢に引き込まれるようにして、左後肢、左前肢の順で前に出ます。右後肢→右前肢→左後肢→左前肢の順に脚を前に出して前進します。

　ウマの歩きのバイオメカニクス[*2]論文には、同側の肢が後肢→前肢の順にタイミングをずらして出る動き（lateral sequence）と書いてあります。つまり、右の前後の肢、左の前後の肢における同側感覚の動きです。

*2　バイオメカニクス
　生体力学、あるいは運動力学のこと。運動生理学と生体力学を合わせて、バイオメカニクスと呼ぶ場合もある。

［2］なんば

　ここで、みなさんに「なんば」について英語で書かれた新聞記事を読んでもらいたいと思います。1999年の4月18日にアメリカの新聞『ニューヨークタイムズ』に載った記事です。英語の勉強もかねて、紹介します。

April 18, 1999, Sunday
Walk This Way, or How the Japanese Kept in Step

　上記の見出しを訳すと、「あなたもこんなふうに歩けますか？　日本人の奇妙な歩き方」とでもなるでしょうか。

ALMOST any reference book on Japanese history includes the dates of the most obscure shogun or emperor. But then there are the more basic historical puzzles, like -- how did the Japanese walk ?

　日本の歴史書を見ると、歴代の将軍や天皇のまぎらわしい名前が並んでいますが、そのようなことよりもっと日本の歴史の底辺を形成する謎は、日本人の歩き方です。

Some scholars here argue that from ancient times until perhaps 150 years ago, virtually all Japanese learned to walk in a special style called the namba, in which the right arm and leg swing forward at the same time, and then the left arm and leg swing forward.

　おそらく150年前までは、日本人は「なんば」と呼ばれる独特な歩き方で歩いていました。つまり、右手と右足が同時に前に出て、次に、左手と左足が同時に前に出る歩き方です。

Try it ：these days it seems counter-intuitive. Almost everybody in the world now walks the opposite way, with the right leg and left arm moving forward at the same time, and vice-versa.

　やってみればわかりますが、今日では、まったくおかしな歩き方です。世界中誰でも、現代人は、右足と左手を同時に前に出して、次に、左足と右手を同時に前に出す歩き方をしています。

> **やってみよう —2—**
>
> **「なんば」を体験してみよう**
> みなさんも、右手と右足を同時に前に出して、次に、左手と左足を同時に前に出す歩き方を実際にやってみてください。

 とにかく、歩きにくいでしょう。ゆっくりならできますが、ある程度速く歩こうとしたら、右半身姿勢、左半身姿勢を交互に繰り返すことになります。私には、江戸時代までの日本人がこのような歩き方をしていたとは、どうしても思えません。

 末續選手が、なんばを参考にして走ったといいますが、ニューヨークタイムス紙に書かれたように、右手と右足を同時に前に出して、次に、左手と左足を同時に前に出す走り方ではありません。では、本当のなんばとは、どのような動きなのでしょうか。

［3］手と足が同時に出るということの本当の意味とは

 右半身と左半身の姿勢を交互に繰り返して歩くような歩き方（図4-8）を昔の人は本当にしていたのでしょうか。なんばというと、右手と右足が同時に出る動きだという説明がよくなされます。そして、このときの右足は、空中に浮いた遊脚のことだと考えてしまいます。

 しかし、実際には、空中に浮いて前に出ていく足（遊脚）と同じ側の手が前に出ていくのではなく、地面についている支持足と同じ側の手が、ともに前に出ていくのです。いま支持足が右足だとすると、右手と右足が前に出る感覚というのは、右足の膝を抜いて前に送っていく感覚です。着地足側の軸にある手も腰も膝までもが前に出ていく動き、つまり着地足側にできた左右いずれかの軸全体を前に進めていく身体運用法が常歩です。

 なんばというのは、前に出す足（遊脚）と同じ側の手が同時に前に出る、図4-8のような動きではありません。本当のなんばとは、そうではなくて、体重を乗せた側の足と腕の感覚のことをいうのです。本書では、復習になりますが、この感覚をなんば感覚といいます。ウマの歩き（常歩）でいえば、後肢を踏み込んで同側の前肢が前に出ていく動きです。

図4-8　誤解されているなんば　　　　　（木寺英史『本当のナンバ　常歩』スキージャーナル）

「なんば」を体験してみよう②
―歩く動作、走る動作のポーズをしてみよう―

やってみよう―3―

「今から写真を撮りますので、歩く動作や走る動作のポーズをしてください」といわれたら、皆さんはどういうポーズをしますか。

　図4-9を見てください。右足に体重を乗せて、右手を前に出しています。みなさんも、きっとこのようなポーズをとったことがあると思います。これが、なんば感覚です。体重を乗せた足と同側の手がリンクした感覚からくるポーズです。だから、右手と右足がそろったポーズになります。江戸時代の飛脚なども、なんば感覚で走っていたと思われます（図4-10）。

　鋤、鍬などの農作業の動作も、体重を乗せた側の足と手の同側感覚（なんば感覚）といえます。駕籠かきなどもなんば感覚だったと思います。ここまでに、何回か繰り返し同じことを述べてきましたが、読み進めるうちに、なんば感覚、二軸感覚というものがだんだんとおわかりいただけたでしょうか。

　体重を乗せた足と同側の手の感覚。これが、人間が常歩で歩くときの、左右軸の感覚です。なんばというと、多くの人が、遊脚側の足と手が前に出るというふうに勘違いしています。また、なんばでは、左右軸のいずれか片方に軸を固定して使う場合が多くありますが、スポーツの走動作では、左右の軸をたくみに切り換えていく動きになります。

　そこで、私たちの研究グループは、スポーツ向きの二軸走動作を、なんばといわずに、「常歩」といういい方であらわすことにしました。なんばと常歩の関係について詳しく知りたい方は、木寺英史著『本当のナンバ　常歩』（スキージャーナル）をお読みください。

図4-9　歩くポーズ、走るポーズは自然になんばになる

図4-10　なんばで走っていたといわれる飛脚（体重を乗せた右脚と右手の同側感覚）

[4] モーリス・グリーン選手に見る常歩

　モーリス・グリーン選手が全盛の頃の中間疾走のビデオを見ると、常歩に特有の動きが見てとれます。正面からの映像を見ると、着地して体重がかかったとき、着地足側の腰が高くなり、遊脚側の腰が低くなっています。これは後で述べますが、股関節の抜き動作です（図4-11）。

　ためしに、階段に片足で立って、反対足を立ち足より低く落としてみましょう（図4-15参照）。軸（中心軸）を立ち足側の軸に寄せる動作です。このとき、中心軸は垂直のままにして、けっして立ち足側に傾けないように注意します。

　膝の抜きもみごとです。両膝の位置（高さ）に目を向けると、遊脚の膝が着地足と交差するとき、遊脚の膝のほうが低くなっています。これも、膝の抜き、股関節の抜きから生まれたものです。着地足側の肩に注目すると、肩はストンと低く落ちます。着地足側に軸ができた状態です（図4-11左）。

　ここから、着地足側の軸が消えて（オフ；off）、反対側の軸ができてきます（オン；on）。この軸の切り換えは、両肩のラインの傾斜で引き起こされます。つまり、着地足側の肩が跳ねあがり、次に軸ができる側の肩が相対的に低くなり、両肩を結んだラインに傾斜ができ、腰のラインの傾斜とあいまって、高いほうから低いほうに向かって、次の軸が形成されます（図4-11右）。

　肩のあがりは、胸鎖関節、肩甲帯がゆるんだ状態でぽんと跳ねあがるようにあがるのであって、僧帽筋の緊張、力みで起きるのではありません。したがって、腕振りは、肩を支点にして、前後に振るイメージではなく、肩甲帯が上下に動くのです。

　肩を支点にして、力んで前後に振る腕振りは、中心軸走法の典型的な特徴です。つまり、腕振りは、上下の動きです（肩甲帯の上下運動を伴い、肩関節の位置自体が上下に動きます）。肩が跳ねあげられるとき、肘の力は抜けていて、肘関節が屈曲し、手の位置も上に自然に跳ねあがってきます。

　図4-11　膝の抜き、股関節の抜きを用いた軸の切り換え──接地期の前半は支持脚が軸、後半は遊脚が軸となる

中心軸で走っていた人が、常歩をマスターするには、時間がかかります。からだでわかるまでには、ある程度期間が必要です。まずは、楽に走れるようになるので、中長距離走で効果がみられます。しかし、短距離走は常歩では速く走れない、という人が多いようです。

　支持脚側の軸が前にいくということを何度も強調しましたが（図1-64参照）、そのことにこだわりすぎると、スプリント（全力疾走）がうまくいきません。支持足側にできた軸が前に進むと同時に、反対側に軸が切り換わらなくてはいけません。したがって、支持足に体重が乗ったら、すぐに、軸を反対側に切り換える必要があります。

　常歩で重要なのは、軸の前後の動きと、左右の切り換えの両方を整えることです。末續慎吾選手や東海大学の選手が、メディシンボールをからだの前で持って、それを左右に移動させながら、二軸走法を練習している光景をテレビで見たことがあります。それを見ると、体重が一瞬かかる側の上腕は外旋していました（反対の上腕は内旋しています）。軸を右から左に切り換えるときに、右上腕を外旋位から内旋させていき、左上腕を内旋位から外旋させるようにするとうまくいきます。メディシンボールが着地脚側から斜め前方に移動し、8の字を描くように、切り換えられます。左右軸の切り換えは、左右の腕の外旋と内旋の動きにも影響を受けるものと思われます。

　本書に動画を載せるわけにはいきませんので、左右軸の切り換えのタイミングについては、私たちが開設している「常歩秘宝館（なみあしひほうかん）」というホームページで、久留米高専の木寺先生の常歩走行と常歩歩行を正面からおさめた動画をじっくり観察してください。[*3] 左右軸の切り換えのタイミングがみごとです。

　着地した足側に軸ができる感覚があるのですが、着地後、骨盤や体幹が反対側にシフトしていく動きが常歩の動きです。左右軸を切り換えると、前にいった脚が後ろへ切り換わり、後ろにいった脚が前へ切り換わります。

*3　常歩秘宝館
　画面左にあるメニューの「常歩走歩行」をクリックして、「常歩（なみあし）走歩行の実際」を開いてください。
　アドレス= http://www.namiashi.com/hihoukan/

静的安定

　みなさんは、その場に片足で立ってくださいといわれたら、どのように立つでしょうか。

　どのようにして立つかということが、実は、常歩の走り方に関係するのです。

　図4-12のいちばん左の絵をご覧ください。多くの人は、重心（おへそ）の真下に支持脚を置いて、静的バランス（＝静的安定）をとって片脚で立つと思います。止まった状態での安定した立ち方です。この動きでは、左右方向に静的に安定しているので、いつまでも止まったまま立っていられます。

　走るときに、毎回の着地をこのように静的バランスをとって走ろうとすると、一直線上を走ることになります。からだの中心をつらぬく軸を中心軸といいますが、このような立ち方では、おへそと支持脚を結んだ線が中心軸と一致します。このような片脚で左右方向の静的バランスをとりながら走る走り方を、中心軸走法と名づけました。このような走りでは、肩と腰（骨盤（こつばん））の回転方向が逆になって、体幹をねじるような動きになります。

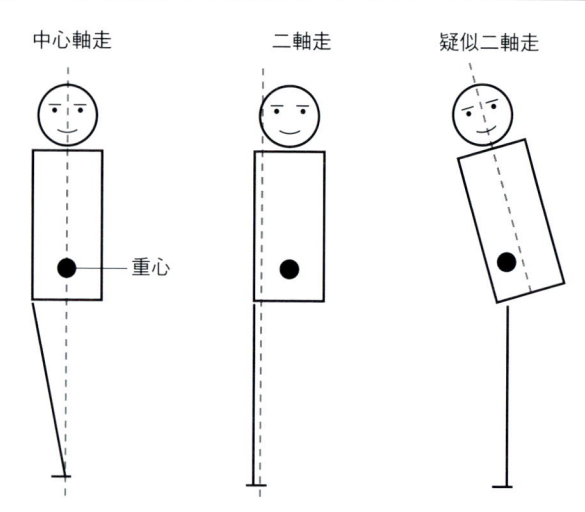

図4-12　片脚立ちをしたときの重心と軸の位置

不安定だから動作が起きる

　図4-12のまん中の片脚立ちを見てください。右の股関節の真下に支持脚（右脚）をおいて立ちます。このようにして立つと、一瞬しか立てません。左足を浮かせても、すぐに左足は下についてしまいます。重心（おへそ）と支持脚が左右にずれているので、からだは左に倒れようとして、左足が自然に着地します。からだが左に倒れようとするのは、地球が引っ張ってくれるからです。すなわち、重力による作用です。

　一瞬しか片脚立ちできない不安定性を利用して走るのが常歩の走り（二軸走）です。動かないと安定しない走りといえます。あるいは、動くことによって安定する走りともいえます（＝動的安定）。この場合、左右の股関節と支持脚を結んだ線が軸（感覚）となります。左右に二つ軸感覚があるので、左右軸、あるいは二軸といいます。左右軸を基点として、重心が右と左に移動します。あくまで感覚的な話ですが、右足が着地したら重心（おへそ）は左にシフトしていきます。空中に浮きあがってきた脚（遊脚）が着地に向かうときには、これから着地しようとする遊脚側に軸ができようとします。この動きが「左右軸の切り換え」です。

疑似(ぎじ)二軸動作

　図4-12のいちばん右の絵を見てください。中心軸動作をしていた人が、左右軸を意識し始めると、このように、左右軸で静的に安定して立とうとします。左右軸でどっぷり安定して止まってしまいます。中心軸動作でつちかった静的安定を求めるくせがここでも顔を出してしまいます。

　このような動きは二軸動作ではなく、「擬似二軸動作」といいます。やじろべえのように体幹が傾いてしまうのが、擬似二軸動作です。本当の二軸動作の走り方は、体幹が左右に傾かずに、まっすぐに立っています。

●二軸動作練習レポート●

二軸動作「常歩」に取り組んでいる大阪市立桜宮高校の陸上部顧問・山本幸治先生から、レポートをいただきました。本書を読んで、これから二軸動作「常歩」を覚えようとする人にとって、たいへん参考になると思いますので、以下に紹介します。

■大阪市立桜宮高校陸上部の取り組み

二軸動作「常歩」に取り組みはじめて半年が過ぎようとしています。この半年間、小田先生の指導を仰ぎながら試行錯誤し、懸命に取り組んできました。速く走るには、「地面をしっかり蹴れ」、「腕を大きく振れ」といってきた私が、ある日突然「今日から二軸動作を意識した常歩を取り入れます」と指導をはじめたものですから、「常歩」に取り組みはじめた当初の選手の困惑した表情は想像していただけることと思います。しかし「常歩」の原理を理論的に説明していくにつれて、生徒たちはしだいに頭で理解するようになりました。

まず、最初に取り組んだのが「膝の抜き」でした。この動作については、いまだ感覚として体得している選手は半数くらいだと思います。最初は、自分の動作は膝が抜けているのか、どれくらい膝が曲がるのかなど、選手自身はっきりしない、不安な状態が続きました。

おんぶ走――人をおんぶして坂をあがる練習とくだる練習を繰り返すことで、半数の部員が膝の抜きを体得することができた

そこで取り入れたのが坂道を利用した「おんぶ走」です（写真）。最初は、坂をあがることからはじめ、拇指球で地面を蹴って坂をあがるのではなく、着地したら下腿を前に倒して、膝頭を地面に押しつけるようにして坂をあがるよう指示しました。そのとき、支持脚の膝の上へ同側の腰が乗るように上体を前方向へ移動すれば、反対側の脚が自然と前に振り出されると説明したのです。その感覚が得られるように、ひたすら繰り返し練習しました。すると、この練習で半数の生徒が「膝を抜く」感覚を体得しました。

逆に、坂をくだることも試みました。おんぶしながら「膝を抜く」ことで、坂をあがるときよりも体の重力落下の感覚を強く感じてくれるかもしれないという意図からです。これも、予想以上に感覚をつかんだ選手が多く、ブレーキをかけないよう坂をくだりながら「膝を抜く」感覚の獲得に重点を置きました。坂をくだるときにブレーキをかけないようにするには、体幹を斜面と垂直にして、足裏全体を同時に着地（フラット着地）するような感覚が有効です。坂をあがる練習では「膝の抜き」が感覚としてつかめなかった選手が、坂をくだる練習でつかめたというのは大きな収穫でした。選手に聞いてみると、のぼりとくだりを比較した場合、やはりのぼりの方が「膝を抜く」感覚がつかみやすいようです。しかし、これには個人差もありますから、両方あわせて行うようにしています。

「股関節の外旋」とあわせて「肩関節（上腕）の外旋」も意識させています。腕が前に振り出される際、外旋ポジションから内旋させる感覚を身につけると、走動作に、二軸動作の特徴である「支持脚側の骨盤が前に押し出される感覚」が生まれ、左右軸の切り換えもスムーズに行われることがわかりました。支持脚側の上腕を外旋から内旋に導く（遊脚側の上腕は内旋から外旋に導く）ようにすると、重心が支持脚側から遊脚側に向かってシフトしていきます。これが左右軸の切り換えです。本校の100mの選手の場合、11秒7で伸び悩んでいたのですが、肩関節（上腕）の外旋を意識したとたんに走りが変わりました。そして一気に0.5秒短縮したのです。これまで、短距離選手には、腕は前後に大きく振れとだけいってきましたが、腕も股関節同様、三次元的に動くのだということがわかりました。

今後、「膝の抜き」「股関節・肩関節の外旋」に加え、「左右軸の切り換え」「押す動作」の追求にも励みたいと考えています。また、さらに他の部活動にも、二軸動作を取り入れて、競技力向上を図りたいと考えています。

※桜宮高校の二軸動作、常歩への取り組みについての詳細は、以下のホームページをご参照ください。
http://sakkou.tc2web.com/index.htm

[5] 抜くということ

膝を抜く感覚

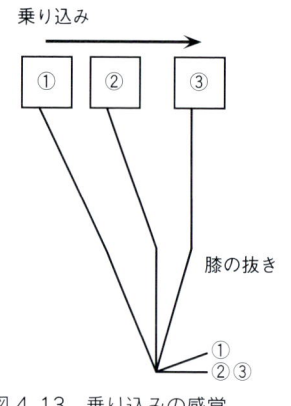

図4-13　乗り込みの感覚

　本書の最初から出てきた、「膝の抜き」がおわかりいただけたでしょうか。復習になりますが、その場で、左足を支持脚にして右足を踏み出すとき、支持脚側から前に出る常歩の動きをやってみましょう。

　では、歩いてみてください。左足の踵が着地したときに、左膝の力を抜きます。これが「膝の抜き」ですが、外から見ると、目に見えるほど大きく膝は曲がっていません（膝を抜くということには、股関節の抜きも含まれます）。

　左脚の膝を抜いた瞬間に何が起きるでしょうか。着地した左足の上を左の骨盤（腰）がスーッと滑るように進んでいくのが感じられると思います。この動きを、「乗り込み」という場合があります。わかりにくい人は、まずは、少しオーバーに膝を抜いて、腰が前に滑るように進む感覚を味わってください（図4-13）。徐々に、外から見てわからないくらいの一瞬の抜きを探し求めていってください。

　階段を下りるときは、誰でも膝を抜いて下ります。その抜く感覚を利用して、階段を小走りに下りてきて平地に出た瞬間に膝の抜きの感じをつかんでみてください。階段を下りる感覚で平地を走るのです。

　ゆるい登り坂で、ゆっくり歩きながら膝の抜きをやってみましょう。登り坂でも、このようにすると、着地した足の上に腰（着地側の腰）がスムーズに乗り込んでいくことが実感できるでしょう。着地した足の膝を抜かずに突っ張ってしまうと、楽に坂を登れないことも感じ取ってください。とくに、股関節をやや内旋させたままで着地して、足裏の拇指球に体重を乗せてしまうと、膝が抜きにくいことがわかっていただけると思います。

　股関節を少し外旋させて着地し、足裏のアウトエッジで体重を感じるようにして歩くと、膝が自然と抜けていきます。ゆっくりした歩きで、膝の抜きのすばらしさを実感できたら、ゆっくり走ってみてください。下り坂では、誰でも、膝を抜いて下っていきます。平地や登り坂でも、坂を下るようなイメージで歩いたり走ったりすると、膝の抜きがしやすくなると思います。

幼児は二軸歩行
—地面を蹴らずに膝を抜いて進む—

　赤ちゃんが歩き始めの頃は、左右の二軸を使って歩いています（図4-14）。しかし、7歳くらいになってくると、大人の歩き方を見習うためか、大人が行進などを教えるからか、はたまた遺伝子の働きなのか、いずれにしても、中心軸の歩きになってしまいます。

図4-14 膝の抜きを使って二軸歩行をしている幼児。5歳くらいまでの幼児の多くは、このような二軸歩行をしている　（スキージャーナル提供）

　私は、科学雑誌『日経サイエンス』の連載で、「脳の見方、モノの見方」というタイトルで養老孟司先生（北里大学）と対談をしたことがあります（「無意識が運動選手を変える」、『日経サイエンス』12月号、94-99頁、1999）。私は、ゲストとして、「地面を強く蹴れば速く走れる、ももを高くあげれば速く走れるというのは、脳の錯覚である」という話題を提供しました。

　養老先生は、「動物は、走り方をあれこれ考えない。脳化（意識化）した人間だけがそのような錯覚を起こす」とおっしゃいました。確かに、走り方を考えるイヌやネコなど見たことがありません。養老先生の言葉をお借りすれば、脳化（意識化）した人間だけが、中心軸で体幹をねじって走歩行しているように思われます。二足で立って歩き始めた子どもは、脳化されたお父さん、お母さんの歩き方を真似するのでしょう。

　幼児だけでなく、高齢者の方（とくに男性）のなかにも、体幹をねじらずに、姿勢よく、みごとな常歩で歩いている方を見かけることがあります。筋力が落ちてきた高齢者の方は、左右の足幅を二直線幅（骨盤幅）にして、左右軸感覚を用いたいちばん楽な歩き方に、自然になるのだと思います。

股関節の抜き

　ここで、階段を利用して「股関節の抜き」の感覚がどのようなものか、実際にやってみましょう。

やってみよう―4―　「股関節の抜き」（骨盤の傾斜）を体験してみよう

　階段で横を向いて立ちます。支持脚の股関節を外旋させて、アウトエッジ感覚にして、体重をその股関節に乗せます（支持脚の膝の力も抜いて、ほんの少し膝を曲げます）。そのときの骨盤の高さに注目してください。支持脚側の骨盤が高くなって、遊脚側の骨盤が低くなっていることがわかります（図4-15）。

　遊脚の足部が、支持脚の階段の高さより低い位置にくるように、遊脚の股関節の力を抜いてください。遊脚の重みを感じ取って、それを下に落とす感覚が

有効です。この抜き動作によって骨盤の傾斜を作るときの感覚を、「股関節の抜き」と呼びます。

ももがあがるときに、遊脚側の骨盤をあげるような動きをしてはいけません。大半の人がこの点を勘違いしています。遊脚はあがってくるように見えますが、実は下がっていく力がかかっていないと、スムーズな遊脚の接地動作はできません。支持脚側に一瞬軸ができたら、すぐに遊脚側に軸ができます。左右軸の切り換えが遅い人は、遊脚が軸だと感じてみてください。（図1-48、自転車のペダリングの写真が参考になります）。

インサイドキックも、支持足の膝を抜き、そして股関節を抜きます。そう

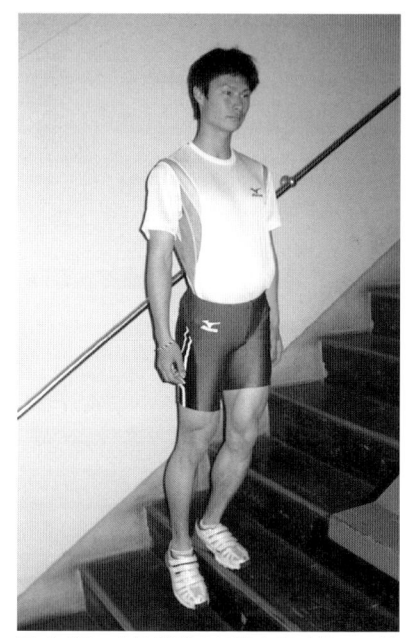

図4-15　支持脚側の骨盤を高く保つのがポイント

すると、支持脚側から蹴り足側に向かって一瞬ですが骨盤が傾斜します。蹴り足側にからだ全体が倒れる力を蹴り足に集めて、体重移動しながら（軸を蹴り足に切り換えながら）、ドンと体重を乗せて蹴ります。ランニングのときも、支持脚で立ったときには、すでに、反対側に軸が切り換わる動きが、骨盤の傾斜で出ています。自転車のペダリングでも同様です。

二軸動作のサッカーでは、キックは"軸脚で蹴る"ということができます。中心軸で蹴る人は立ち脚が軸脚ですが、二軸キックでは蹴る脚が軸となります。立ち脚をボールに合わせるのではなく、蹴り足（軸脚）をボールに合わせる動作になります。

サッカー、バレーボール、ハンドボール、バスケットボール、野球、テニスなどで、右方向へすばやく動きたいとき、左足で体重を支持して動く場合の二軸動作では、左の骨盤が高くなって、右の骨盤が下がります。その逆になってしまうと、力んで、蹴って出る中心軸の動作になります。

左足のアウトエッジで支持して、左膝を抜き、そのとき同時に、左股関節も抜きます。そうすると、左骨盤が高くなり、右骨盤が低くなってからだは高いほうから低いほうに向かって移動します。そのとき、左足裏はアウトエッジ感覚です。

このとき、右脚の重みを感じて力を抜き、股関節を外旋させながら（右方向に膝を向けながら）右方向へ移動させてやると、驚くほどすばやく、力むことなく、からだは右方向に移動します。左足の拇指球（インエッジ）に体重を乗せると、膝、股関節が固まって、左骨盤より右骨盤が高くなってしまいます。

[6] スタートも、倒れるようにして膝を抜く

低い姿勢を保つスタートは膝を抜く

スタートの目的はスムーズに加速することです。からだが立ってしまうと、後方に地面を押すことができないので、スムーズに加速することができません。からだを1本の棒に見立てて、その棒をなるべく前に倒した状態で走る技術が必要となります。棒（からだ）がすぐ立ってしまうと、地面を後方に押せなくなって、加速しづらくなります。

シドニー五輪の陸上男子100mで優勝したモーリス・グリーン選手の独特のスタート技術が注目を集めました。スミスコーチは、「低く、低く！ すぐにからだを起こしてはいけない」と指導していました。

低く走ることを意識してスタート練習をしている人は多いと思いますが、低いままスタートするのはむずかしいと思っている人も多いことでしょう。

地面を強く蹴って進もうと意識する人は、足首と膝を伸ばす意識で走ってしまいます。膝を伸ばす筋肉は大腿四頭筋（太ももの前の筋肉）、足首を伸ばす筋肉は下腿三頭筋（ふくらはぎの筋肉）です。スタートで大腿四頭筋と下腿三頭筋に大きな負荷をかけてしまうと、後半のスピードが大きく低下してしまいます。スタートは速くても、後半で失速する走りになってしまうのです。

末續選手のスタートから学ぶ

末續選手のスタートは、実にたくみです。図4-16をご覧ください。「ヨーイ」でやや高めに腰をあげておき、「ドン」で両手を離したときに、前においた脚の膝を抜きます。外から観察すると、末續選手の膝の高さが、号砲が鳴ると、低く落ちることが見て取れます。

みなさんも、自分のスタートをビデオに撮って、観察してみてください。ドンと号砲が鳴って1歩目を踏み出すときに、スターティングブロックを押す前脚の膝がだんだんと高くなっていくと思います。末續選手の膝は低く落ちていくのです。なぜ、膝の位置が低くなっていくのでしょうか。

末續選手は、「ドン」で、筋力を100％使って意識的に蹴ろうとはしていません。100％の力で蹴らずに（力まずに）、抜くのです。つまり、重力の力を活用して、落下しながら倒れるようにして出ていきます。末續選手は、「ダラーッとスタートする」といういい方をしています。もちろん、筋力をまったく使わないわけではありませんが、重力を無視して筋力だけを使って出ていくのではなく、重力を活かしながら出ていくのです。

膝を伸ばす大腿四頭筋や、足首を伸ばす下腿三頭筋を、「抗重力筋」（anti-gravity muscle）といいます。常歩の走り方では、重力に負けまいとして対抗（アンチ）するのではなく、重力を活かすようにしてこれらの筋肉を使います。「抗重力筋」といわずに、「好重力筋」といいたくなってきました。

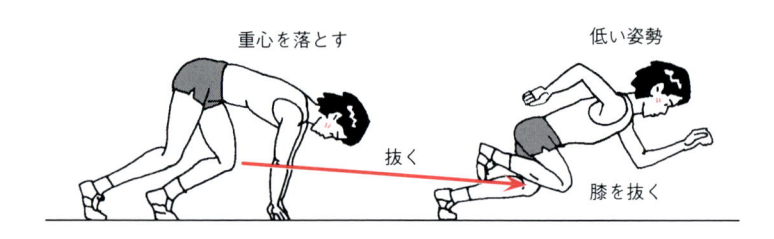

図4-16 「膝を抜いて重力を活かしたスタート」と「蹴るスタート」の違い

3 二軸投法

　投げ動作も「押す動作」です。よい投手は、体を右と左に分けて考えているようなところがあります。つまり、ボールを持つ腕の側とボールを持たない側の二つの二軸動作です。軸が2本だから二軸動作ではなく、左右軸にはそれぞれの役割があって、二つの役割が互いに助け合って、二つがあたかも一つのように動く動作を二軸動作といいます。ですから、二軸動作というのは左右軸動作という意味です。たんに軸が一つか二つかで分類した一軸動作と二軸動作という意味ではありません。

　これを野球の投手の投げ動作で見てみましょう。復習になりますが、二軸動作がじょうずな投手は、ボールを持った腕が前に出てくる局面では、前の軸の感覚を大事にします。この局面では、ボールを持った後ろの軸やボールを持った腕や肩などに動作意識をおきません。

　ソフトバンクホークスの和田毅投手なども、二軸投手の一人ですが、和田投手は左投げですので、「僕は、左手や左腕にはまったく意識をおきません」と語っています。二軸投法の動作を、野球の投手の投げと、槍投げの動作を例にして、順を追って見ていきましょう。

後ろ脚の膝の抜きから スムーズに重心移動

ボールをスムーズに（力まずに）投げるには、投げる方向にからだを移動することが重要ですが、そのためには、後方の軸でからだを支持して前にからだが移動するときに、膝と股関節を抜きます。そうすると、後ろ側の骨盤が高くなって、前側の骨盤が低くなります（図4-17左）。

ももをあげた側の骨盤が高いまま前に移動する投手がわが国では圧倒的に多いようです（図4-17右）が、二軸感覚の投手は、支持脚側の骨盤の高さが高く、骨盤が前に傾斜しながら前に出ていきます。「立ち脚（後方の脚）の踵の上にお尻を乗せるような感じ」と和田投手は語っています。

こうすることで、からだは横を向いたまま、重力によって自然に（スムーズに力みなく）投げる方向に倒れていきます。二軸感覚の動作では、この倒れる動きを動作のきっかけとします。アメリカ大リーグの投手には、この動作始動法を使う選手が見られます。

ももをあげた側の骨盤を落とす一つのヒントは、あげた脚を股関節から外旋させることです。内旋させると、ももをあげた側の骨盤が高いまま前に移動してしまいます。

アメリカ大リーグで活躍する大塚昌則投手は、立ち脚のアウトエッジ感覚のことを、「膝を打者方向に動かさないで、足の真上においておくような感覚」と語っています。大塚投手は右投げなので、右膝のことをいっているのですが、左足を踏み出すときに、右足の真上に右膝をおいておくのは一瞬のことで、からだが打者方向に出ていくときには、右膝も打者方向に移動します。この動作がスムーズに行われるので、外から見るといかにも右足の拇指球で蹴っているように見えますが、ステップ始動のきっかけは、実は右足のアウトエッジになっています。

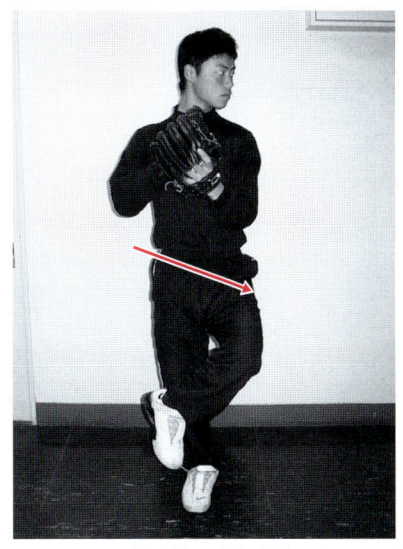

図4-17　二軸感覚で立ち脚側の膝と股関節を抜くと後方の支持脚側の骨盤が高くなり、からだは投げる方向に自然に倒れていく（左）。中心軸感覚では、あげたほうの前脚側の骨盤が高くなる（右）。

アウトエッジ

　骨盤に傾斜をつけて、横向きのからだが投げる方向に倒れ出したときに、後ろ足のアウトエッジでからだを一瞬ささえると、からだは重力によって倒れる加速度を増大させます。インエッジ（拇指球）を支持点にした場合に比べて、身体重心の位置と支持点の距離が大きなることで、重心は、前方（投球方向）に倒れようとします（図4-18）。

　前向きに走ったり、前向きに打突したりするときの始動の原理を73ページの図2-13で示しましたが、横向きに進むときにも同じ原理が応用できます。

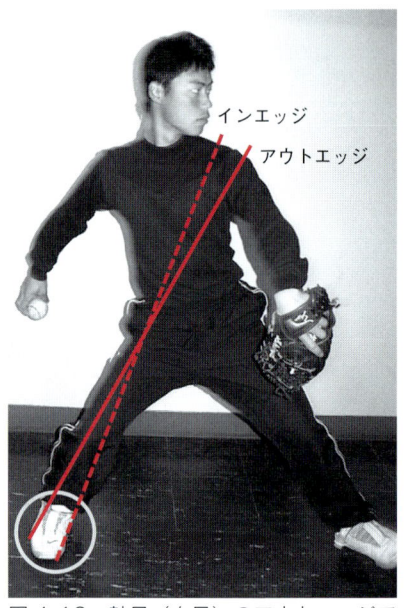

図4-18　軸足（右足）のアウトエッジでからだをささえることで、投球方向に倒れようとする加速度は増大する

アウトエッジとインエッジを体験してみよう

やってみよう —5—

　肩幅よりやや広いスタンスで、左右のアウトエッジで立ち、そこから片足（前足）を浮かせます。すると、浮かせた足が横に開いて、からだは浮かせた足のほうへ横方向に進んでいくでしょう。これが、横向きに倒れる力を使って進む原理です（図4-19）。

　次に、左右の足裏のインエッジ（拇指球）で立ってみてください。片足を浮かせるとどうなるでしょう。浮かせても、あまり横方向には進みません（図4-20）。むしろ、支持脚側にからだが

図4-19　アウトエッジで立って片足を浮かせると、からだは横方向に進んでいく

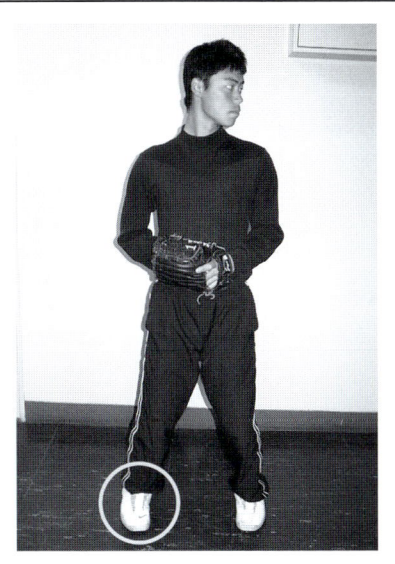

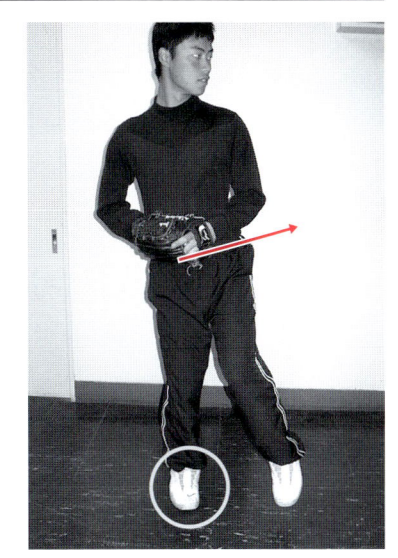

図4-20　後ろ足のインエッジで立って前足を浮かせると軸脚側にからだが戻ってしまう

戻ってしまい、重力によって倒れる力は引き出せません。ですから、筋力を使って、拇指球で蹴って出ていくことになるのです。

　反復横跳びのような横への移動を、10mくらい連続して、インエッジで蹴るのと、アウトエッジで押しながら横に体重を移動する二つのやり方でためしてみてください。アウトエッジを使うやり方のほうが楽に動くことができると思います。慣れるとスピードも出てきます。

　繰り返しになりますが、バスケット、サッカー、ハンドボール、バドミントン、テニス、野球などの横方向への動き、テニス、卓球などでの、体重を横方向に移動しながらのストロークにも、アウトエッジ感覚は応用できます。

軸を固定しないで動かす

　スムーズに前に移動していくからだを、スムーズに回転運動に移行させます。このとき、動作軸は前脚、あるいは前の股関節になります。前脚、あるいは前の股関節が軸といっても、その軸を固定するのではありません。このことは、常歩のところでも述べましたが、投げ動作でも同じです。私がいっている軸とは、軸感覚であって、実際に外から見て固定した（止まった）軸があるという意味ではないのです。

　以前、槍投げの世界記録を持っていたバックリー選手が、「最後の投げ動作に入ったときに重要なのは、槍を持たない側（＝前軸）をできるだけ長く前に移動させ続けることである」と語っていました。軸を動かすのです。わが国では、槍投げでは、前足で突っ張るということが常識となっているようですが、これは中心軸感覚から出てくる動作感覚といえます。バックリー選手は、二軸動作を行っていたのです。

　この動きは、支持脚側の腰が前に出る常歩の動きと共通のものです。大リーグのクレメンス投手は、「マウンドを駆け下りるように投げる」と語っています。

前脚の膝を抜く

野球などでボールを投げる場合も同じです。ボールを持たない側（前軸）をできるだけ長く前に移動させ続けることがキーポイントになります。中心軸感覚で投げると、踏み込んだ足を踏んばって（突っ張って）、前に出した腕や、前に出した腕と同じ側の胴体の前半分を後方に引いてしまいます（引く動作）。押す動作の投げ方では、前脚の軸ができて、それが前に移動しながら、後ろの軸が前の軸に引っ張られるように前に出て、前の軸を追い越すような動作になります（押す動作）。

図4-21 バックリー選手の槍投げのフォーム——これから左足を着地して左膝を抜いていく　（PHOTO KISHIMOTO 提供）

ボールを持たない側（前軸）をできるだけ長く前に移動させ続けるという動作は、一瞬小さく前脚の膝を抜かないとできません。そうすることで、前の軸全体（からだの前半分）が、スムーズに前に出ていきます。繰り返しになりますが、この膝の抜きは、外から見てもわからないくらいのわずかな動作です。

常歩の走歩行感覚がつかめると、投げ動作の二軸感覚もわかってきます。槍投げのバックリー選手は、膝の抜き動作のことを、「槍にぶら下がる感覚」と表現しました（図4-21）。

股関節は外旋

上記のような押す動作、すなわち、ボールを持たない側（前軸）をできるだけ長く前に移動させ続ける動作を行うには、前に踏み込む足の位置は、ほぼ後ろ足の踵の線上くらいになります（図4-22B）。かならずそうならなければ二軸動作にならないというわけではないのですが、一つの目安として、そのくらいの位置と覚えておいてください。

中心軸感覚で投げる人は、内側に前足を踏み込み（図4-22A）、つま先と膝を内側にしぼります。こうすると、股関節が内旋してしまいます。ステップ幅も、二軸動作に比べて大きく踏み込む特徴があります。二軸感覚の投動作では、踏み込む足の股関節を外旋させながら、つまり、外旋力をかけながら着地し、膝を抜くとうまくいきます。

図4-22 中心軸動作（A）で投球すると、二軸動作（B）での投球に比べ、踏み出した足はより内側になり、ステップが大きくなって、股関節が内旋してしまう

グローブに向かって同側の胸を押す

押す動作の投げ方は、外旋していく腕に前側の胸を押しつけていくような感覚です。けっして、前に出した腕を後方に引く感覚の動作ではありません。これは、引く動作です。この動きでは、それまで肩を閉じていても、早く肩を開く動きになってしまいます。二軸動作

3 二軸投法

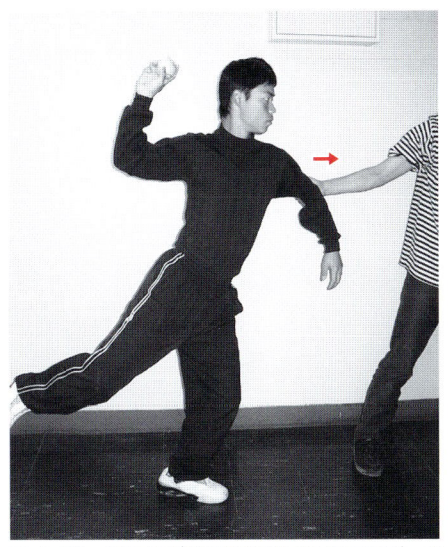

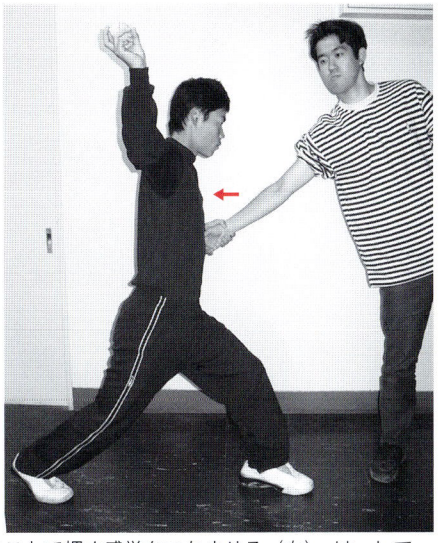

図4-23 補助者が前の腕を投げる方向に引っ張ることで押す感覚をつかませる（左）。けっして右のように、補助者を自分のほうに引っ張る動きではない

は、押す動作です。押す動作の感覚をつかむには、補助者が、前の腕を図4-23左のように投げる方向に引っ張ってやるのも一つの方法です。着地後に前の軸を前に移動させ続ける感覚をつかむきっかけになると思います。けっして、図4-23右のように、補助者を後方に引く動きではありません。

左右の腕の高さの違い

投げ動作における左右の腕の高さを考えてみましょう。グローブを持った腕があがっているから、ボールを持った手は下がっています（図4-24左）。この状態から、グローブを持った腕が下がっていくと、ボールを持った腕は下から上にあがってきます（図4-24まん中）。その場で踏んばって安定して止まろうとする中心軸の投げ方だと、グローブ側の腕を引き下ろしたままで終わってしまいます。

しかし二軸動作の投げ方では、リリースを終えた腕が上から下にスムーズに

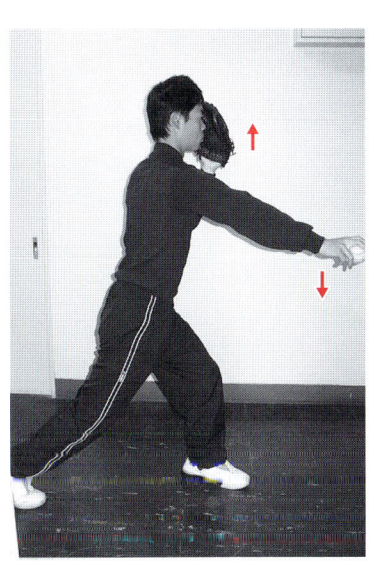

図4-24 二軸動作では、ボールをリリース後、グローブ側の手があがってくる

振り下ろされるために、下がったグローブ側の腕があがってこなければなりません（図4-24右）。

内野手なら、図4-24右のように、グローブを持った腕の前腕部（ぜんわんぶ）があがってくる動作がよく見られます。アメリカンフットボールのクォーターバック（QB）のパスモーションにおいても、同様の動きが観察されます（図4-25）。外野手など、たとえば強肩で有名な新庄剛選手やイチロー選手の外野からの返球時の遠投では、グローブを持った腕が上方に跳ねあげられます。

図4-25　アメリカンフットボールのパス動作でも同様の動きが見られる

（PHOTO KISHIMOTO 提供）

ドアの回転のようなイメージではない

二軸動作の投げ方というと、多くの人は、前脚の軸を中心にドアが回転するような動きをイメージしますが、これは誤解された二軸投法です。ソフトバンクホークス（前ダイエーホークス）の和田投手に、大学時代、二軸動作をアドバイスした早稲田大学野球部トレーナーの土橋恵秀氏は、「後ろの腰が前の腰に衝突（しょうとつ）するように直線的に出ていく感覚の動き」と語っています。

槍投げでいうと、Hip strikeといいます。Hipとは腰、あるいは股関節です。後ろの股関節が前の股関節に直線的に出ていってぶつかるようなイメージです。これは、からだの中心軸を前の股関節軸に寄せるようにして、前軸を前に移動させるようにしながら行う「押す動作」が、投げ動作のなかでうまくいったときに得られる独特な感覚だと思われます。

この動作は、野球の投げ動作だけでなく、テニス、バドミントンのサービス、スマッシュ動作などにも応用できます。

図4-26　和田投手の投球フォーム

（毎日新聞社提供）

終わりに

　本書をお読みになって、すぐにわかるところと、わかりづらいところと、両方あったことと思います。頭でわかっても、からだで実践するとなると、もうひとつ難しくなります。しかし、それがからだでできたときの喜びは、スポーツを愛する人にとっては、何ものにも代えがたい喜びだと思います。まずは、本書の中の、「これだ！」とピンとくるものがあったところから始めてみてください。

　二軸動作、常歩という動きを一緒に研究してきた、小山田良治さん（スポーツマッサージ五体治療院代表）と木寺英史先生（久留米工業高等専門学校）に、この場を借りて御礼を申し上げます。毎日、繰り返しメールを交わして、この３年間で交わしたメールが、5000通をこえました。たびたび京都に集まって常歩会を開き、実際にお会いして常歩、二軸動作について研究しました。二軸動作を、実際どのようにしたらうまくできるのかという実践的観点から、動作およびその実践感覚についても、議論しました。その結果、押す動作、抜く動作の重要性が見えてきました。小山田さんからは、「押す動作」という観点から日常動作からスポーツ動作の広範囲にわたって多くのことを教えていただきました。木寺先生からは、「抜く動作」を剣道の動作を中心にして、たびたび実際に見せていただきながら、学ばせていただきました。

　水泳動作に関しては、生田泰志先生（大阪教育大学）と何度も水泳の二軸動作について話し合いました。藤森善弘コーチ（日本体育大学）と高橋雄介コーチ（中央大学）にも京都に来ていただき、水泳の二軸動作について有益なお話をいただきました。野球の投げ動作に関しては、和田毅投手（ソフトバンクホークス）の投球フォームの改善にかかわった土橋恵秀トレーナー（前・早稲田大学）にも、二軸投法の中身についてお話してもらいました。槍投げの二軸投法に関しては、今泉諭先生（群馬県立大間々高校）と何度もメールを交換しました。奈良先端科学技術大学院大学のロボティクス講座の方々にもたいへんお世話になりました。上田淳先生からは、軽い下り坂を何もモーターをつけずに歩き続ける受動歩行ロボットが常歩に似ているというご指摘をいただきました。ロボットづくりの発想も、人間の幼児や自然界の動物の動きから学ぶことがたくさんありそうです。本書ではページを多く割くことはできませんでしたが、アシックス㈱でスポーツ選手のシューズ開発にたずさわっておられる三ッ井滋之さんから、履物やシューズについて、多くの示唆をいただきました。

　二軸動作に関しては、小田、小山田、木寺の３人で立ち上げたホームページを是非ご参照ください。本書を読まれた方で、質問やご意見がある方は、ホームページにあります掲示板に書き込んでいただければ幸いです（http：//www.namiashi.com/hihoukan/）。

　本書を通じて、皆様と相互にコミュニケーションが始まることを期待しています。これまでも、全国の方々と対話をしながら、理解が深まったり、誤解が解けたりすることがたびたびありました。相互に交流（対話）してはじめて、二軸動作の本質的な理解に到達していただけると思います。京都大学で著者が行っている「運動科学」という一般教養の授業の教科書として書きました前著『運動科学　アスリートのサイエンス』（丸善）もご一読いただければ、本書の理解の一助となるものと思います。また、木寺英史先生の書かれた『本当のナンバ　常歩』（スキージャーナル）もお読みいただければ、より一層、常歩に関して理解が深まることと思います。とくに、武道関係に興味をお持ちの方は、木寺先生の実践感覚および武道、武術に対する深い思いに、心を動かされるでしょう。

　本書には多くのスポーツ選手や、スポーツ科学者の努力の結果をふんだんに盛り込みました。この場を借りて、感謝申し上げます。刊行までたどり着けたのも、偏に大修館書店の綾部健三氏の励ましのおかげです。タイムリーに電話をいただき、ときには、さまざまな資料をファックスで送っていただき、執筆の参考にさせていただきました。謹んで御礼申し上げます。

　本書では、各スポーツの動作に共通となる二軸動作のポイントについて記したつもりです。自分がやっている以外のスポーツから学べるものが多いことも感じていただけたと思います。一つのスポーツだけに早期に固定せず、子どもの頃にいろいろなスポーツを体験することが重要であることも感じ取っていただけたと思います。今後、わが国でも、各種スポーツ間の交流が盛んに行われるようになることを願っています。そのような気運が高まれば、各種スポーツ動作ごとに、二軸動作、常歩のすばらしさを実践し、その動きを研究する方々が増えてくると思います。二軸動作を知ることで、スポーツ動作だけでなく、日常の生活動作、作業動作などにも、関心が広く及ぶようになります。思いもよらぬものの間に共通性を感じる刹那のときめきや感動を多くの人に味わっていただきたいと思います。

平成17年1月21日　京都吉田山の麓にて

小田　伸午

■著者紹介
小田　伸午（おだ　しんご）
京都大学高等教育研究開発推進センター教授（人間・環境学博士）
1954年生まれ。東京大学教育学部、同大学院博士課程単位修得退学。京都大学教養部助手を経て、2005年より現職。元日本代表ラグビーチーム・トレーニングコーチ。
人間の身体運動や運動制御機構を、生理・心理・物理から総合的に研究。
□主な著書
『運動科学──アスリートのサイエンス』丸善
『身体運動における右と左』京都大学学術出版会
『運動科学　実践編』丸善
『剣士なら知っておきたい「からだ」のこと』
『サッカー選手なら知っておきたい「からだ」のこと』
『野球選手なら知っておきたい「からだ」のこと　投球・送球編』
『野球選手なら知っておきたい「からだ」のこと　打撃編』
□ホームページ（常歩秘宝館）
http://www.namiashi.com/hihoukan/

■撮影協力
鮫島周平（京都産業大学）
松田有司・伊藤慎哉・國部雅大（京都大学大学院）
中村泰介（京都大学スポーツ実習非常勤講師）
森曜生・鈴木早紀子（お茶の水女子大学大学院）
京都府立向陽高校陸上競技部・サッカー部
大阪市立桜宮高校陸上競技部

スポーツ選手なら知っておきたい「からだ」のこと
©Shingo Oda 2005
NDC780　134P　26cm

初版第1刷──2005年　3月10日
第13刷──2010年　9月　1日

著　者────小田伸午
発行者────鈴木一行
発行所────株式会社　大修館書店
　　　　　　〒101-8466　東京都千代田区神田錦町3-24
　　　　　　電話 03-3295-6231（販売部）03-3294-2358（編集部）
　　　　　　振替 00190-7-40504
　　　　　　［出版情報］http://www.taishukan.co.jp

装丁────大久保浩
口絵────和田多香子
本文レイアウト────加藤　智
イラスト────イー・アール・シー
印刷所────横山印刷
製本所────難波製本

ISBN978-4-469-26567-5　Printed in Japan
Ⓡ本書の全部または一部を無断で複写複製（コピー）することは、著作権法上での例外を除き禁じられています。